第一篇  人生篇

专题一　短暂的人生历程
专题二　充满奇妙的人生
专题三　人生的根本目标

专题一　短暂的人生历程

趴在鱼缸里晒太阳的乌龟对刚被捕捞起来的鲫鱼说："哎，你马上就要成为盘中佳肴，不能像我一样呼吸自由的空气了。"鲫鱼奄奄一息地说："虽然我的生命短暂，但我至少领略过江海的辽远；你的生命再长，却从未欣赏过鱼缸外的山色湖光。"乌龟悠闲地踱了几步，笑着说："连生命都没有了，还拿什么见识外面的世界？"

有人说："生命像花，美丽而且鲜艳。"

有人说："生命像草，平凡而且脆弱。"

人的生命虽然短暂，但也要活得有意义。人生在世，不求举世闻名，但求无愧生命；不求人人称颂，但求无愧于心。人活一生，要活得有价值，正如保尔·柯察金所说，"人最宝贵的东西是生命，生命属于每个人只有一次。一个人的生命应当这样度过：当他回忆往事的时候，不因虚度年华而悔恨，也不因碌碌无为而羞愧。"这何尝不是人生的目标、生命的宗旨呢？

（1）本案例引发了你怎样的思考？

（2）你认为什么样的人生历程更精彩？

（3）你认为如何才能丰富自己的人生历程？

实践任务

表 1-1 为"职业生涯人物访谈"的实践任务。

表 1-1 职业生涯人物访谈

项目	内　　容	备注
访谈主题	访谈身边年长者的职业生涯经历	
访谈目标	1. 使学生了解不同人的人生经历。 2. 使学生了解和认识社会需求、职业需求、职业环境和基本状况。 3. 正确认识自己的优势和不足，从而制订更加合理的大学学习、生活计划	
适用对象	全院学生	
组织者	劳动课教师、劳动小组组长	
访谈时长	2 小时	
访谈准备	1. 访谈前要做好充分准备。 2. 访谈中要注意着装和仪表，态度和蔼、大方；讲文明懂礼貌，措辞得体。 3. 要时刻注意安全问题，增强安全意识，提高防范能力，确保万无一失。 4. 尊重被访谈者，注意保护他们的信息安全和个人隐私。 5. 认真对待，不走过场，通过访谈真正达到探索职业的目的，为个人的职业定向和职业选择做准备	
访谈过程	1. 结合自己的兴趣、技能、工作价值观、教育背景和已掌握的职业知识，列出未来可能从事的几个职业，然后在每个职业领域寻找 3 位以上在职人士作为被访谈的生涯人物。 2. 生涯人物可以是自己的亲人、老师和朋友，可以是他们推荐的其他人，也可以借助行业协会、大型同学聚会或某个具体组织的网页来寻找职场人士。 3. 结合目标职业信息设计访谈问题，对生涯人物的访谈可以围绕以下要点进行：行业、单位名称、职业，工作的性质、类型、主要内容、地点、时间，任职资格、所需技能、市场前景、行业相关信息、工作环境、工作强度、福利薪酬、工作感受、员工满意度等	
访谈要求	1. 要以问题为导向，明确访谈目的和实效。 2. 访谈内容记录要详实，最好用录音笔录音。 3. 资料要确保真实，信息可信，要注明出处	

任务评价

表 1-2 为"职业生涯人物访谈"的实践任务评价。

表 1-2 职业生涯人物访谈的实践任务评价

评价标准	评价等级
小组有切实可行的活动计划，记录活动过程详实完整，总结活动注重实效	A
小组有活动计划，记录活动过程相对详细，总结活动相对注重实效	B
小组有活动计划，记录活动过程不太详细，总结活动不太注重实效	C
小组无活动计划，记录活动过程不详细，总结活动不注重实效	D

一、人与人生

人生时常伴随着波折坎坷、喜怒哀乐、悲欢离合。

战国时期哲学家、文学家庄周在《庄子·逍遥游》中说:"上古有大椿者,以八千岁为春,八千岁为秋。"上古的大椿树,看惯人世沧桑,对生与死可泰然处之。生命的历程是一个从生到死的过程,有生必有死,这是亘古不变的自然现象。生与死是贯穿人一生的一对矛盾。人生短短几十年,我们决定不了自己生命的长度,但是我们可以活出生命的高度。有些人遇到一点挫折便败下阵来,一蹶不振,不值得提倡。我们应仔细地品味,认真地走过,如同一只振翅飞翔的鹰,在搏击中甩掉束缚,在风雨中寻找自由的天空。

人生在世如白驹过隙,感慨之余应该想想怎样走好自己的人生路。幼时有父母的帮助,成长中有老师不倦的教诲,踏入社会时有朋友的叮咛嘱咐,这些都是人生的重要阶段。作为青年人,我们更应该走好每一个阶段,不断奋斗,发掘生命中所隐藏的巨大潜能,努力给有限的个体生命赋予更大的价值。

(一)人的类型

根据人在社会群体中的表现,一般可将人分为四种类型:无所作为型、自私自利型、公私兼顾型及无私奉献型。无所作为者是不懂得人生价值与意义的人,是消极主义者,是不可取的。

在生活中,有的人认为损害了别人的利益无所谓,只要自己能及时行乐就行,这是十分错误的。因为人不仅是纯粹的自然人,更是社会人,人的生存资源和荣辱都来自社会,因此,损害了社会大众的利益就是损害了自身生存的基础,最后得到的必然是损人必害己的结局。

（二）人生的角色

人生在世总要扮演一些角色及发挥相应的作用，如有的人通过一生的追求改变了世界，使世界变得更加美好；有的人通过自己的付出装饰了世界，使世界变得更美丽；有的人用自己血淋淋的教训警醒世人，告诫人们这是一条走不通的人生之路，等等。因此，每个人在这个世界上都有其独特的角色、任务及价值。

从某种意义上说，社会需要各种各样的人，如那些事业成功的人创造了大量的财富，推动了社会的发展，成为了值得被尊敬的人；普通民众靠自己的双手劳动所得，即使平凡也是值得被尊敬的；那些对社会有一定破坏作用的犯罪分子，最终必然会受到法律的严惩。拥有反面角色的人由于付出了惨痛的人生和社会代价，所以必然会成为被人们唾弃的人。

在现实生活中，人们都是通过"扮演"具体角色来实现人生并发挥相应作用的。这些角色大体可划分为两种：一是家庭角色，如子女、兄弟、夫妻、父母等；二是社会角色，如学生、职员、民族、公民等。一个人对自己人生角色的认知程度，决定着其人生的状态和发展。

（三）人生的责任

简单来说，人生的责任就是扮演好所担负的各种角色，承担起相应的责任。所谓一个角色一种责任，在所扮演人生角色中尽职尽责，从而获取人生的幸福与快乐。扮演好家庭角色是做人的基本要求，他要求我们上要赡养父母，下要抚育子女，夫妻要相亲，兄弟姊妹要相携等，扮演好家庭角色也为扮演好社会角色奠定了基础；扮演好社会角色是做人的本质要求，学生阶段要努力学习，进入社会后要勤奋工作。同时要遵纪守法，并能与周围的人和睦相处等。

在中华民族发展的历史长河中，有许多仁人志士留下了泽及万世的丰功

都江堰

伟绩。如在秦朝李冰父子的带领下所修建的宏大水利工程——都江堰，使成都平原成为了沃野千里的"天府之国"。

（四）人生的资源

人的生存与发展需要各种资源，可概括为物质资源和非物质资源两类。一个人要生存，就需要基本的物质资源和非物质资源，如房舍、家具和生活必需用品，以及基本的家庭关系和社会关系等。再者，一个人要发展也需要一定的物质资源和非物质资源，如经济条件、个人素质，特别是前瞻能力、学习能力、交际能力、自信心及意志力，还有家庭关系、社会关系、环境政策等。同时，任何人要想更好地生存与发展，都需要培植和管理好自己的资源，更不能去破坏它！

1. 物质资源

（1）自然物质资源。其包括土壤、水、空气、植被、动物及人类群体等。

（2）人为物质资源。其包括健康资源、生活资源、工作资源、发展资源、享受资源、责任资源等。其中，责任资源是人为创造的作为社会人的资源部分，是人能够成为社会人的根本标志，包括对老人的赡养，对子女的抚养，对单位、民族、国家的稳定与发展所担负的责任等。

2. 非物质资源

（1）社会资源。其包括政治资源、团队资源、人脉资源、声誉资源等。其中，声誉资源是拥有人脉资源、团队资源和政治资源的前提和基础，而获得声誉资源的途径是个人修为，即首先要拥有正确的价值观念、拼搏的精神、渊博的学识、奉献的精神、团队的意识等，并在此基础上使团队成员获得物质利益和精神利益，使他们达到心理上的满足，这样就形成了较好的人脉和有效的团队，进而提升了自己的政治资源。可以说，声誉资源是其他社会资源的源泉。因此，以责任、勤劳、诚信、善良及奉献为主体所构成的声誉资源是人最忠诚、最珍贵的资源。

（2）能力资源。其包括认知能力、学习能力、前瞻能力、反思能力、情绪调控能力、组织能力、交际能力、业务能力、创新能力、抗挫折能力，以及身体的忍耐适应能力等。由于人们的一切发展、创造、收获及享受都是建立在能力资源基础之上的，所以，能力资源是一个人生存、发展及享受的前提和基础。没有了能力资源这个基础，人的一切想法和目标都是空中楼阁。但能力资源的获得不是天上掉下来的，而是在长期坚持不懈努力学习和历练中获得的。

（3）精神资源。在生活中，人们通常把人的观念在行为中所表现出来的状态称为精神，如吃苦精神、奉献精神等。学术上则把人的观念、意识及其表现状态统称为精神，这是人生极其重要的资源。根据它们的状态和所发挥的作用，我们可以将其分为隐性核心精神资源和显性表观精神资源两种。由于人的观念是处于看不见摸不着的隐藏状态，但它却决定着人的行为与发展。因此，人的观念状态就是人的隐性核心精神资源，而人在一定观念下所表现出来的精神状态，就是人的显性表观精神资源。

①隐性核心精神资源。它是指人的世界观、人生观及价值观。由于"三观"决定着人的行为和前进的道路，决定着所付出的努力和人生的结局，可以说人的一切活动和表现都是自身"三观"作用下的结果，所以"三观"决定着人生的状态，也决定着人生的幸福与否，因此其对人极其重要，不可忽视。但"三观"又是看不见摸不着的观念意识，所以它是人的隐性核心精神资源。

②显性表观精神资源。人们在生活和工作中所表现出来的人生信仰、人生目标、人生态度及牺牲精神、奉献精神、创造精神、吃苦精神、团队精神、学习精神、节俭精神和大局意识等，这些都是人们能够展现出来的一种人生状态，是人们能够看到的一种重要资源，所以称之为显性表观精神资源。

3. 资源的作用

不同的资源在人的生存与发展过程中发挥着不同的作用。物质资源是人们生存与发展的物质条件，包括自然物质资源和人为物质资源，人为物质资源需要人们通过艰苦劳动与付出才能获得；社会资源是人们获得生存与发展资源的重要平台；能力资源是创造人为物质资源与社会资源的前提和基础；观念、意识和精神资源是获得能力资源、社会资源和人为物质资源的源动力。

二、人生历程

人生是一个短暂而神奇的历程。一方面，人生短暂到屈指可数，短暂到在生命历程的后期会发出人生何其短暂的慨叹。如庄子的"人生天地之间，若白驹之过隙，忽然而已"；孔子的"其为人也，发愤忘食，乐以忘忧，不知老之将至云尔"及"逝者如斯夫，不舍昼夜"；再如陶渊明的"盛年不重来，一日难再晨。及时当勉励，岁月不待人"；还如岳飞的"莫等闲，白了少年头，空悲切"，等等。另一方面，短暂的生命历程又是奇妙的，因为我们能够在短暂的生命历程中去探索世界、去改造世界、去享受世界，使自我生命酣畅淋漓地展现在世界面前。

（一）人生的影响因素

为了提升育人工作成效，研究影响人生发展的因素，探寻教育的关键着力点，培养合格的人才，我们通过对影响人生发展因素的研究与思考，总结出影响人生发展的因素及它们对人生的意义和相互关系。

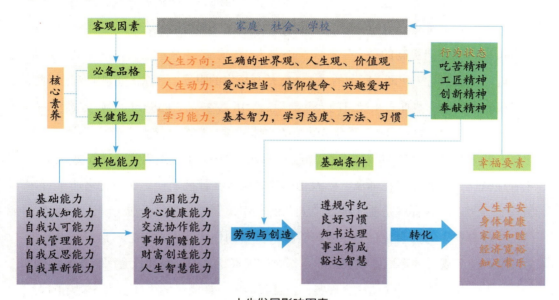

人生发展影响因素

（二）影响因素的作用

1. 客观因素的影响

客观因素主要包括家庭因素中的父母、经济条件及社会因素中的社会主流观念、教育和人际圈等。它们对人的世界观、人生观及价值观的影响是巨大的，不可忽视。一般来说，客观因素具有决定性的作用，特别是父母的观念、社会的主流价值观及交际圈，其影响甚至会超过教师的教育作用。

（1）家庭的影响。在家庭因素中，父母的价值观和爱的方式是决定孩子能否健康成长的外部关键因素。父母的价值观念决定着孩子未来所要走的路，而爱的方式则决定着孩子能否成为一个独立的个体。有心理学家发现，一个人能够取得成就的20%取决于自身后天的努力，而80%取决于父母的影响。

此外，由于学习和历练是获取能力的重要途径，即人的能力是在学习和历练的过程中实现的，特别是吃苦能力、创造能力、理财能力及幸福能力等。但是，如果父母溺爱自己的孩子，就等于剥夺了他们体验劳动、获取智慧、提高生存能力及获得亲情和快乐的机会。因此，溺爱是造成不幸人生的原因之一。

（2）交际圈的影响。人是群居动物，容易被周围的人和环境所影响。在交际圈方面选择和什么样的人在一起，一方面反映了这个人基本的世界观、人生观和价值观，另一方面他的"三观"也会受交际圈中类似观念的进一步强化和固化，所谓"志同道合"就是这个道理。也有人说，人生最大的运气，不是捡钱，也不是中奖，而是有人可以带你走向更高的平台。其实，限制人生发展的往往不是智商和学历，而是你所处的生活圈与工作圈，所谓的贵人，就是开拓你的眼界，给你正能量的人。因此，我们只有去接近那些拥有正能量的人并与他们为伍，才是人生进步的最好方式。

（3）学校教育的影响。教育是学校的主体功能，学校是使人成为社会人的"工厂"。北宋教育家胡瑗在《松滋县学记》中说："致天下之治者在人才，成天下之才者在教化，职教化者在师儒，弘教化而致之民者在郡邑之任，而教化之所本者在学校。"所以，教育就是使人成为"人"的工作，学校就是使人成为"人"的"工厂"。教育在人的社会化过程中发挥着极其重要的作用，但教育绝不是万能的。因为一个人"三观"的形成，取决于非常复杂的因素，其中家庭和社会因素极其关键。但是，无论什么样的家庭和社会现实，教育都需要一如既往地为社会培养有用的人，这就是教育的本质功能。

（4）物质条件的影响。物质条件是人生存与发展的客观条件，它不仅能为人的生存奠定物质基础，还能为人的发展提供必要的物质支持，同时也能为享受生活提供可能。

然而，在人的成长过程中，优越的物质条件不一定都能发挥积极的作用。班固在《汉书·韦贤传》中说："贤四子：长子方山为高寝令，早终；次子弘，至东海太守；次子舜，留鲁守坟墓；少子玄成，复以明经历位至丞相。故邹鲁谚曰：'遗子黄金满籯，不如一经。'"也就是说"留下满筐的金银，不如传授一经"，因为你给子孙留下了丰富的财产，他们也可能很快就会把它挥霍干净，还不如教给他们一些安身立命的道理和本事比较实在。先人们在这方面所做的精彩总结，是值得我们学习和借鉴的。

相反，磨难却是一笔真正的财富！这是因为历经磨难与挫折的人，体味过贫穷与疾苦的人，还有那些战严寒斗酷暑的人，他们既不是物质条件的匮乏者，也不是精神生活的贫穷者，因为他们的创造能力、自信心、意志力、幸福感、身体的适应能力及情感的稳定能力都比阅历简单的人要强。所以，磨难强健了人的身体、磨练了人的意志、丰富了人的认知、稳定了人的情绪、增强了人的幸福感。因此，磨难才是一个人一生的真正财富。而在和平盛世，对身体的锻炼和参与劳动创造对一个人的健康成长和人生幸福就具有了极其特殊的意义，我们切不可剥夺了孩子参与劳动和锻炼的机会！

2. 主观因素的影响

马克思主义哲学告诉我们，人具有主观能动性；老祖宗也告诉我们，天时不如地利，地利不如人和；佛教也说，我是一切的根源，等等。所以，自己才是人生的主宰，人生的幸福与否主因在于自己，也就是在于自身的修为。

（1）观念因素。受客观因素和自身因素的影响，人能够形成相对稳定的世界观、人生观和价值观。人既可能因随波逐流而成为命运的奴隶，也可能因主观能动而成为命运的主宰。因此，有人说"三观"不正害一生，所以树立什么样的"三观"一定要慎之又慎！

（2）意识因素。人在"三观"的指引下，或者为了改善生存现状，或者为了担当和兴趣爱好，也或者为了信仰和使命，都会产生欲望并形成目标。在欲望的驱使下，在目标的召唤下，人就会产生无穷的动力，进而就会朝着目标前进。因此，人的这些意识因素其实就是人生的动力因素，而且人一旦拥有了其中任何一个因素都能较好地激发人生的动力，使人生充满活力和激情，相应地，人的健康能力、学习能力及创造能力等都能得到较大增强，生命的质量也能大幅度地提升。所以，拥有这些动力因素对人生的质量和幸福具有十分重要的意义！

（3）精神因素。人一旦树立了正确的目标，就拥有了巨大的动力，在动力的驱使下人就能表现出诸如吃苦精神、奉献精神、牺牲精神、工匠精神、不屈不挠精神等。那些树立了正确理想目标的人，在拼搏奋斗的过程中所经历的磨难、所做出的牺牲与奉献，他们自己都会等闲视之，甚至还"乐于"享受这种生命状态。

（4）能力因素。在人的各种能力中，自我认知能力、自我认可能力、自我学习能力、自我反思能力及自我管理能力是影响人生的五大基础能力，而身心健康能力、生命感知能力、事物前瞻能力、财富创造能力及人生智慧能力则是人生的五大应用能力。人生的丰富多彩和价值意义是靠人的应用能力通过劳动付出而创造出来的，但是应用能力的形成是建立在基础能力的基础之上的，即如果没有良好的基础能力，人的应用能力就无从产生。所以，培养一个人的正确途径就是重点培养其基础能力，同时全方位的培养其获得幸福的各种能力，而不是从应用能力的培养开始，更不是仅仅培养人对物质财富的创造能力。

总之，一个人的成长需要一个良好的环境和机遇，还需要个人的天资悟性和所付出的努力，即个人成长需要家庭教育、人际关系、教育培养及个人对信息的选择与整合，对机遇的把握，但关键在于个人所付出的劳动。一般来说，外部环境资源影响个人的生存与发展，而个人的内因则决定外部资源所发挥作用的程度。

专题一：人生的角色	专题一：人生的阶段	专题一：人生的资源

"一辈子深藏功名、初心不改的张富清，把青春和生命献给脱贫事业的黄文秀，为救火而捐躯的四川木里31名勇士，用自己身体保护战友的杜富国，以十一连胜夺取世界杯冠军的中国女排……许许多多无怨无悔、倾情奉献的无名英雄，他们以普通人的平凡书写了不平凡的人生。"国家主席习近平发表二〇二〇年新年贺词，为感动全国的人和事点赞，为不同凡响的中国风采、中国力量喝彩，激荡起人们"只争朝夕，不负韶华"的共鸣。

岁月峥嵘，山河为证。回望过去的一年，基层有无数像张富清、黄文秀一样的党员干部不慕名利，践行初心使命；万家灯火有无数像木里勇士和杜富国一样的忠诚卫士恪尽职守，擦亮英雄本色；各个领域有无数像中国女排一样的拼搏者挥洒汗水，奋勇争先建功立业。用汗水浇灌收获，以实干笃定前行，中国人民在各自岗位上创造了非凡的成就。无穷伟力蕴藏在人民群众中，无穷奇迹厚植于平凡奋斗中。习近平主席对新时代奋斗者的赞誉，生动展现出"有梦想，有机会，有奋斗，一切美好的东西都能够创造出来"的实干哲学，充分诠释了"人民是历史的创造者，是时代的雕塑者"的唯物史观，汇聚起亿万人民团结奋斗、同心筑梦的深厚力量。

平凡是生活的本色，不凡是生命的追求。从"苦干惊天动地事、甘做隐姓埋名人"的国防卫士，到"功成不必在我、功成必定有我"的人民公仆，捧读2019年那些感动着我们的人和事，不禁为忠诚如一、信念坚定的政治品格而肃然起敬，为胸怀祖国和人民的爱国情怀深深折服，为爱岗敬业、舍家为国的奉献精神热泪盈眶。平凡因奉献而伟大，平凡因坚守而崇高，平凡因勇敢而伟岸，平凡因付出而出色。"伟大的灵魂，常寓于平凡的躯体。"许许多多无怨无悔、倾情奉献的无名英雄，在平凡岗位上铸就生命的精彩华章，擦亮了道德星空，树起了时代标杆，挺直了民族脊梁。每一个平凡的奋斗者，都是卓越的追梦人。

伟大出自平凡，英雄来自人民。伟大与英雄不是凭空而来的，无不以平凡工作为依托、以平凡劳动为根基。王继才日复一日升国旗、护航标、写日志，川航英雄机组日复一日重复训练动作，中国女排胜不骄、败不馁，即便低谷依然默默工作、不计回报……平凡与伟大的辩证哲理就在于：把每一项平凡工作做好就是不平凡，把每一项小事做好就是大事业；一切平凡的人都可以获得不平凡的人生，一切平凡的工作都可以创造不平凡的成就。当此长河奔腾、万物勃发的新时代，我们更加懂得以梦想坚守平凡、以奋斗创造不凡的价值。无论什么职业，无论处在何方，只要有追求、有闯劲、有奋斗，任何人都可以在梦想的舞台上展现人生价值。

"垂大名于万世者，必先行之于纤微之事。"实现中华民族伟大复兴的中国梦，要靠各行各业人们的辛勤劳动。当每一个平凡生命的创造精神、奋斗韧劲前所未有迸发出来，涓滴之水汇聚成不可阻挡的时代洪流，中华民族的逐梦征程将所向披靡，新时代中国的前途将不可限量。新的一年，奋进正当其时，圆梦适得其势。让我们脚踏实地把每一件平凡的事做好，一起为全面建成小康社会、实现第一个百年奋斗目标而拼搏奋斗，共同谱写新时代人民共和国的壮丽凯歌！

——《人民日报》（2020年01月03日第4版）

专题二　充满奇妙的人生

　　1910年11月12日，华罗庚生于江苏金坛。在金坛初中，数学老师王维克等人激发了华罗庚的数学天赋。但是，华罗庚的求学之路并不顺利。他因家境贫寒被迫退学，终身只有初中学历。15岁辍学回到家乡后，华罗庚一边帮助父亲照料杂货店，一边自学数学。他仅靠一本《大代数》、一本《解析几何》及一本50页的《微积分》，每天自学10个小时以上。五年后，他自学完成了高中三年和大学低年级的全部课程，为以后研究数论打下了坚实的基础。然而，即使华罗庚专注于刻苦自学，受到的却是包括父亲在内的周围人的不解，甚至阻挠。19岁时，华罗庚不幸染上伤寒，左腿关节变形弯曲，落下终身残疾。面对诸多困难与阻力，华罗庚不但没有气馁，反而坚定了与命运斗争的决心。他说："我要用健全的头脑，代替不健全的双腿！"

　　1930年，身为金坛中学庶务员的华罗庚，在上海《科学》杂志上发表了《苏家驹之代数的五次方程式解法不能成立之理由》，轰动了当时的中国数学界，受到了时任清华大学数学系主任熊庆来的青睐。1931年，华罗庚进入清华园，从此正式踏上潜心治学的道路。他在清华大学用一年半的时间便攻克了数学系全部课程，还自学了英文、德文和法文，并在国内外各类数学杂志上发表了十几篇关于数论方面的论文，引起了国外数学家的关注。1936年夏，华罗庚赴英国剑桥大学学习。在剑桥大学学习期间，他为学问而不为学历，热忱投身学术研究，先后就华林问题、他利问题、奇数的哥德巴赫问题等发表了18篇高水平论文，提出了"华氏定理"，受到国际数学界一致称赞。

　　此后的华罗庚，就像他自己说的那样："努力不计年，自强永不息。学习数学是一辈子的事。"最终他成为一位著名的数学家。

专题二　充满奇妙的人生

（1）你从华罗庚的人生中得到了什么启发？

（2）你认为怎样才能创造奇妙的人生？

（3）你认为如何才能成就精彩的人生？

表2-1为"'奇妙人生'网络人物搜集"的实践任务。

表2-1 "奇妙人生"网络人物搜集

项目	内　　容	备注
实践主题	在网络上搜集具有奇妙人生的人物	
实践目标	1. 使学生了解不同人的奇妙人生。 2. 使学生了解更多的具有奇妙人生的人物，增加对人生的理解。 3. 正确认识什么样的人生才是奇妙的人生	
适用对象	全院学生	
组织者	劳动课教师、劳动小组组长	
实践时长	两天	
实践准备	1. 熟悉搜索引擎。 2. 熟悉豆丁、百度、爱问等共享文库。 3. 熟悉国内的一些相关论坛等	
实践过程	1. 搜集拥有奇妙人生的人物，并整理分析。 2. 分析这些具有奇妙人生人物的共同之处。 3. 总结讨论。 4. 形成报告	
实践要求	1. 要以问题为导向，明确搜集的目的和实效。 2. 搜集内容记录要详实。 3. 电子资料要确保真实，信息来源要有公信力，要注明出处	

表2-2为"'奇妙人生'网络人物搜集"的实践任务评价。

表2-2 "奇妙人生"网络人物搜集的实践任务评价

评价标准	评价等级
小组有切实可行的活动计划，记录活动过程详实完整，总结活动注重实效	A
小组有活动计划，记录活动过程相对详细，总结活动相对注重实效	B
小组有活动计划，记录活动过程不太详细，总结活动不太注重实效	C
小组无活动计划，记录活动过程不详细，总结活动不注重实效	D

资料导读

一、奇妙的人生

我们的人生就像一场盛大的筵席，坐于其中，品味着每分每秒的酸甜苦辣，各种各样的美妙滋味绘制成了各具特色的人生。

要使人生有意义，必须注重"内心生活"甚于"外在环境"。内心无法宁静，不是疑惑，就是忧惧，即使有富丽的外在环境，也不是完美的人生；内在和谐，心中不起贪婪的风雷波涛，处处是明山秀水，事事是人间真情，不需要浮名荣利，只需要保持平一颗常心，这样的人生怎能不奇妙？

不一样的人生，需要不一样的态度。人的情感是十分丰富的，不同的人拥有不同的情感世界。酸甜苦辣、百味杂陈的人生，等着我们去体味其中的幸福，去关怀自己的至爱亲朋，去创造属于自己的奇妙人生。

（一）人生的亲情

亲情，是有血缘关系的人之间存在的特殊情感。以情感为纽带，在许多方面可以无条件地去爱对方，其主要的特点是相互而不专一、立体而非单方面。人生的道路既短暂又漫长，不可或缺的是亲情，它对人生有着极其重要的影响。亲情来自家庭，在家庭中父母的价值观念和爱的方式是影响孩子成长的关键因素，父母的行为规范会对孩子起到潜移默化的影响，在某些情况下，孩子就是父母的一面镜子。对孩子而言，在人生道路上父母是最重要的人，在情感关系中父母是最强有力的感性纽带。

亲情的影响不仅来自父母，还来自其他亲人。这类亲情对孩子的发展也有着深远的影响，如长辈的宠溺会使孩子陷入懒惰，对他们的劳动发展及提高生存能力均有一定影响。在人生中只有不断学习和历练，才能获得成长，也才能实现自己的人生价值。

人生中的亲情有很多种，均是我们的情感根基，也是我们生存和幸福的根基，稳定的亲情关系是社会发展中重要情感因素。因此，有亲情的陪伴，才会使人的精神意志得到加强，在社会发展中人们的幸福感才会逐步积累，在劳动实践中实现代代相传。

（二）人生的创造

社会的发展可以分为创造（创造精神财富和物质财富）和消费（消耗社会财富）这两个既互相依存又互相对立的方面。人在不断创造的过程中也在不断地消费，人生的意义就在于创造物质财富和精神财富。

法国作家罗曼·罗兰说："我创造，所以我生存。"创造意味着新生、意味着生命、意味着存在。没有创造，就不会有人类的活动，就不会有人类生命的存续，就不会有人类社会的进步和发展。创造，使人类从原始走向文明。从人类和历史的角度来说，创造使我们这个世界有了巨大的进步、巨大的变化、巨大的发展。革命先驱李大钊说："人类最高的欲求，是在时时创造新的生活。"我们每个人都拥有享受生活的权利，与此同时，我们也都拥有创造美好生活的使命和义务。人活着不能只图安逸，不能只图享受，而要去创造，去付出，这样的人生才是充实而有意义的人生。

创造可以分为成己与成物。成己是自身的发展成就，如德才兼备等；成物则是在社会文化上的整体贡献，如发明创造等。在创造的过程中去体现个体的价值，实现个体的人生。创造，可以发展自身成就，也可以给人类文明带来奇迹。人生中的不断创造都是通过劳动的形式得以体现。人的一生在不断地成就自己的同时，为社会的发展贡献劳动价值。

（三）人生的幸福

在人生的历程中，人们不断地追寻不同的目标，有的是为了金钱权势，有的是为了学识智慧，有的是为了身体康健等。对于幸福，每个人的理解都不一样，人生的阅历不同，追求的幸福也就有所不同。如辛劳的农民期盼的是风调雨顺、吃饱穿暖，莘莘学子期盼的是获得学业上的成就等。

人在不同年龄阶段对幸福的追求也有所不同。年轻时追求充满激情的事业，中年时追求知足豁达的心境，晚年时则追求身体康健的精神洒脱。这何尝不是人生的幸福！消去繁杂，不以物质满足为最终的幸福感，而是通过精神的满足成就幸福的意义。人生中伴随我们的不只有物质，还有生命的快乐，更有精神的支撑。幸福是纯粹而简单的，在汗水中收获、在付出中携手、在期待中前行，这就是幸福最好的状态。

幸福不是空谈就能获得的，而是在人生的历程中通过不断努力而获取的，通过不断付出获得物质或精神上的支持，通过劳动去感受、体会人生幸福的真理。千百年来的劳动成果给世人带来无数精神上的寄托，也展现出物质文明的发展，由此可以领悟幸福的含义。在这个科技快速发展的时代，人更需要精神幸福感的支撑，精神上的幸福是长久的，是可以传承和感染的。继承父辈的精神实现自己的梦想，传承家庭的风貌寻找心仪的伴侣，这些都是在精神上的幸福继承。

在生活中凡是只注重即时性而忽略长久性和可传承性的幸福，都是一种抱憾终生式的幸福，也都不是真正的幸福！真正的幸福是即时性、长久性和可传承性相统一的幸福。然而，这样的幸福既不是一时兴奋，也不是一时欲望的满足，而是一种"春华""秋实"的人生幸福，是用人生平安、身体健康、家庭和睦、事业有成、亲人陪伴和知足常乐等几块基石铺就的人生幸福，这才是真正意义上的幸福。所以，幸福是一种心理上的满足，是需要客观因素支撑的，既是意识的，也是物质的。

二、创造奇妙的人生

思想和行为影响着我们人生的成败，因此，我们应该通过不断学习来更新、提升我们的思想境界。用真理去塑造我们的思想，用百折不挠的执行力去创造人生，使我们有能力活出一个超然的奇妙人生。

在 2022 年北京冬奥会上，取得佳绩的中国运动员武大靖说："只要国家需要，只要身体允许，我还会一直站在冰场上"；夺得男子钢架雪车比赛铜牌的闫文港说："成绩代表过去，我还需要变得更强，并继续以自己的表现，给他人带来坚持的力量"；冬奥冠军苏翊鸣给习近平总书记写信，表达继续努力、健康成长、报效祖国的坚定决心……他们把比赛结果作为起点，向着新的目标进发，他们所展现出的持续奋斗精神，生动地诠释了在奋斗中创造奇妙人生的深刻内涵。

生活处处是"赛场"，人生处处有"赛道"。生活因创造而精彩，人生因奋斗而无憾。从"大国重器"的科研工作者到在乡村振兴主战场上绽放青春的大学生，从抗击新冠疫情的一线医务工作人员到舍小家为大家守护人民群众出行平安的铁路职工……在不同的领域，无数榜样启示我们：有信念、有梦想、有奋斗、有奉献，才能创造精彩的人生。

今天的中国，有足够宽广的胸怀鼓励每个人去追求自我的成长道路，更有足够坚实的臂膀支撑每一位有志者在奋斗中创造精彩人生。

（一）做一个健康成长的自己

成长是一个由不懂到懂，由不会到会，由不能到能的过程，也是一个通过学习、历练来挖掘生命潜能和提升个体素质的过程，更是一个拓展生存空间（活动、思想、情感等）和提升生命质量（解决生命疑惑，感悟生命幸福等）的过程。简而言之，成长就是使自身不断变得成熟稳重的过程。健康是指一个人在身体、精神和社会等方面都处于良好的状态。现代人的健康内容包括躯体健康、心理健康、心灵健康、社会健康、智力健康、道德健康、环境健康等。健康是人的基本权利，是人生的第一财富。

健康成长的过程既是一个人价值观形成的过程，也是一个人各种素质和能力提升的过程，更是一个人获得事业有成的前提与基础。脱离了这个过程，事业有成将会成为"海市蜃楼"和"空中楼阁"，人生也会出现"少壮不努力，老大徒伤悲"的遗憾。因此，在人生历程的各个阶段，我们务必要努力完成各个阶段的中心任务，特别是在人生的基础阶段——健康成长阶段，要扣好人生的"第一粒扣子"。所以，我们无论是对自己还是对孩子，都要给予其在健康成长阶段中足够的重视，绝不能疏忽大意！

如何才能健康成长呢？身体健康是健康成长的物质基础，要注意合理休息，坚持健康饮食，加强身体锻炼；树立正确的世界观、人生观和价值观；懂得换位思考，学会关注他人的感受和利益，尊重他人的想法，与他人和谐共处；性格开朗、保持愉快的心情，有积极乐观的心态，不要让过去发生的不愉快影响当下的心情和未来的发展，适应和改善现实环境。此外，还要掌握有效的沟通技巧，学会直接表达自己的情感和需要，努力改善人际关系，使自己所处的环境和谐而愉快。

（二）做一个努力创造的自己

所谓社会人，是指离开了由社会中其他个体所提供的劳动产品就无法生存与发展的人。我们作为社会人决不能安于现状、贪图安逸，要努力创造，用自己的能力和辛勤的劳动最大限度地去创造社会财富，为社会提供服务和产品，进而换取自己所需要的由他人创造的社会财富，以拓展生存的空间，提升生命的质量。

专题二　充满奇妙的人生

看不见的部分往往大于看得见的部分

努力创造的人始终充满活力，不会处于被动状态，始终保持强烈的好奇心，头脑富有活力；努力创造的人充满勇气，他们更能接受新思想、新想法，面对不愉快的经历也很坦然，并能够从中总结经验，避免重复同样的失败；努力创造的人具有独立性，他们信心满满，善于独立思考，并能够独立行动。此外，努力创造的人足够勤奋，不懒惰、不懈怠，更容易获得成功，更能够成就幸福人生。

做优秀自己的过程必然是一个努力创造的过程。努力创造的过程是获得幸福人生不可逾越的过程，它既是一个获取生存资源的过程，又是一个成就自身价值、获取自信和多彩人生的过程，更是一个增长智慧和获得幸福的过程。每个人都富有创造力，关键是要有自信，要有明确的目标，还要努力朝着自己的目标前进。此外，还要具备足够的知识，经常保持好奇心，探求新思路，不断积累知识并加以运用。学识渊博、充满好奇、坚持不懈是创造的前提条件，让自己努力具备这些条件，让自己最终成为一名富有创造性的人，从而成就更优秀的自己！

（三）做一个享受快乐的自己

快乐是一种心态，是当人遇到喜事时感到高兴或满意的一种状态，是人们心情的一种表达方式。哲学家对快乐的定义：快乐是指人之所以为人的真理与自己同在时的心理状态，包括一切真实的事物、人性的道理、他人的生命甚至动物的生命与自己同在等，是一种心理

南仁东在工作中

欲望得到满足时的状态，是一种持续时间较长的对生活的满足和感到生活有巨大乐趣，并自然而然地希望持续久远的愉快心情。从上述对快乐的定义里可以看出，快乐有三个特征：第一个特征是主观感受性，其表现为个体的愉悦心情；第二个特征是源于审美感受的获得，当主体人格参与到对象之中并与其发生共感时，人就处于

快乐之中了,而这种共感本身就是审美所带来的;第三个特征是持久性,快乐不是短暂的直观体验,而是一种持久的愉悦。

人的成长和创造过程是非常艰辛的,因此这个过程常常成为很多人跨越不了的"鸿沟",成功人士只是社会中的少数人。追求成功是每个人的梦想,然而将梦想变成现实,并不是每个人都能做到的,而实现不了的梦想就变成了空想,很多人的梦想往往停留在这个层面上。

如何让自己在获得成功的同时又感到快乐呢?一个简单的办法就是做事要勇往直前且心无旁骛。无论做什么事情都要心无旁骛,这是在人生中获得快乐的关键,而发现美、创造美和享受美则是人生幸福的基础。所以,心无旁骛和发现美既能让你寻找到人生中的乐趣,又能帮你取得进步与成功。

只有战胜自己,才能成就不悔的人生,才能使自己不会因虚度年华而悔恨,不会因碌碌无为而羞愧,才能做一个真正享受快乐的自己!

专题二:颜氏家训

专题二:一饭千金

专题三:六尺巷的启示

专题三　人生的根本目标

案例导入

获得幸福是所有人的生活目标，这使我们殊途同归。自古以来，每个人都走在寻找幸福的道路上。那么，幸福究竟是什么？对于这个问题，每个人都有自己的解读，都有属于自己的答案。我眼里的幸福，是为了登临顶峰而不懈努力，但在登峰的过程中，一定不会忘记欣赏沿途的风景！

什么是幸福？亚里士多德说："幸福是生命本身的意图和意义，是人类存在的目标和终点。"由此看来，幸福既不是来自眼前欲望的简单满足，也不是将欲望的满足延迟到遥不可及的所谓"未来的某一天"。怎样才能判断自己是否幸福？什么是成就幸福的关键？幸福有相同的标准吗？如果有，它是什么呢？我们的幸福与周围人的幸福有关吗？如果有，那么我们周围的人究竟有多幸福呢？其实，这些问题很难有确切的答案，即便有，这些答案对提升我们的幸福感也没有什么帮助。"我是否幸福"这个问题本身就暗示着对幸福的两极看法：要么幸福，要么不幸福。在这种理解中，幸福成为一个终点，一旦达到，我们对幸福的追求就结束了。实际上，这个终点并不存在，对这一误解的执着只能导致不满和挫败感。

我们永远都可以更幸福。没有人能够在所有时间非常满足而无欲无求。与其问自己是否幸福，不如去探求一个更有助益的问题："怎样才能更幸福？"

这个问题不仅契合幸福的实质，还表明了幸福是一个需要长期追求、永不间断的过程，而不是一个可以终结的句点。比如，我现在比五年前更幸福，我也希望五年后的今天，我能比现在更幸福。要记住："让自己更幸福"应该是我们终生追求的目标。

问题探讨

（1）人生的目标是什么？

（2）人生的意义与价值是什么？

（3）人生真正的幸福是什么？

表 3-1 为"'你幸福吗?'调研"的实践任务。

表 3-1 "你幸福吗?"调研

项目	内　容	备注
调研主题	对周边人物进行"你幸福吗?"调研	
调研目标	1. 使学生了解不同人的幸福指数。 2. 使学生分析幸福或者不幸福的因素。 3. 使学生珍惜当下,收获幸福	
适用对象	全院学生	
组织者	劳动课教师、劳动小组组长	
调研时长	两小时	
调研准备	1. 调研资料的收集、整理和分析。 2. 在调研中要注意着装和仪表,态度和蔼、大方;要讲文明懂礼貌,措辞得体。 3. 认真对待,不走过场,通过调研真正达到探索是否幸福的目的	
调研过程	1. 结合自己能力,对周边人物分组进行调研。 2. 调研人物可以是自己的亲人、老师和朋友,可以是他们推荐的其他人,也可以借助行业协会、大型同学聚会或某个具体组织的网页来寻找。 3. 结合是否幸福设计调研问题,可以围绕以下要点进行:怎样的工作环境、工作时间、工作方式最幸福等	
调研要求	1. 要以"是否幸福"问题为导向,明确调研目的和实效。 2. 调研内容记录要详实,最好用录音笔录音。 3. 调研资料要确保真实,信息有公信力,要注明出处	

表 3-2 为"'你幸福吗?'调研"的实践任务评价。

表 3-2 "你幸福吗?"调研的实践任务评价

评价标准	评价等级
小组有切实可行的活动计划,记录活动过程详实完整,总结活动注重实效	A
小组有活动计划,记录活动过程相对详细,总结活动相对注重实效	B
小组有活动计划,记录活动过程不太详细,总结活动不太注重实效	C
小组无活动计划,记录活动过程不详细,总结活动不注重实效	D

一、人的需求层次与幸福

幸福作为人类所特有的一种心理感受，是心灵的慰藉，是精神的愉悦，是爱、被爱及施爱的和谐统一，是在精神和心灵上的愉悦与满足。

（一）马斯洛需求层次理论

1. 概述

马斯洛告诉我们，人的根本需求在于对生理和生存的需求。这是人类一般意义上的幸福，它是幸福的低级阶段。而幸福的真正内核、幸福的最高境界，则是由相爱、被爱、施爱，以及理想的实现、事业的成功和自我价值的实现等因素产生出来的一种心理的最大满足和震撼。

马斯洛的需求层次理论揭示了人的基本需求及其从低级到高级逐步得到满足的根本特征，发掘了人的需求与幸福之间的内在关系，表明人的幸福取决于两个事实：一是人具有哪个层次的基本需求；二是人的基本需求是否得到了满足。在马斯洛的视域里，人的基本需求得到满足的实际状况给人本身带来的满足感就是人的幸福。因此，在马斯洛看来，满足各种需求是人类一切行为的动力，也是幸福的源泉。马斯洛需求层次理论亦称"基本需求层次理论"，是行为科学的理论之一，是由马斯洛于1943年在《人类激励理论》中提出的。马斯洛把需求分成生理需求、安全需求、归属和爱的需求、

马斯洛需求层次理论

尊重需求及自我实现等五个层次，依次由较低层次到较高层次排列，各层次需求的基本含义如下。

（1）生理需求。

这是人类维持自身生存的最基本要求，包括对呼吸、水、食物、睡眠、生理平衡、分泌等的需求。

如果这些需求的任何一项得不到满足，个人的生理机能就不能正常运转。换言之，人类的生命就会因此受到威胁。从这个意义上说，生理需求是推动人们行动最首要的动力。马斯洛认为，只有这些最基本的需求被满足到维持生存所必需的程度后，其他的需求才能成为新的激励因素，而到了此时，这些已相对满足的需求也就不再成为激励因素了。

（2）安全需求。

这是人类对人身安全、健康保障、资源所有性、财产所有性、道德保障、工作职位保障、家庭安全等的需求。

马斯洛认为，整个有机体是一个追求安全的机制，人的感受器官、效应器官、智能及其他能量的主要用途是寻求安全，甚至可以把科学和人生观都看成是满足安全需求的一部分。当然，当这种需求相对满足后，也就不再成为激励因素了。

（3）归属和爱的需求。

这一层次包括对友情、爱情、性亲密等三类事物的需求。人人都希望得到相互关爱和照顾。情感上的需求比生理上的需求来得细致，它和一个人的生理特性、经历、教育、宗教信仰等都有关系。

（4）尊重需求。

该层次包括对自我尊重、信心、成就、对他人尊重、被他人尊重等的需求。

人人都希望自己有稳定的社会地位，要求个人的能力和成就得到社会的承认。尊重需求可以分为内部尊重需求和外部尊重需求。内部尊重需求是指一个人希望在各种不同情境中有实力、能胜任、充满信心、能独立自主等；外部尊重需求是指一个人希望有地位、有威信，受到别人的尊重、信赖和高度评价。马斯洛认为，尊重需求得到满足，能使人对自己充满信心，对社会满腔热情，体验到自己存在的价值。

（5）自我实现。

该层次包括对道德、创造力、自觉性、解决问题的能力、公正度、接受现实的能力等的需求。这是最高层次的需求，它是指实现个人理想、抱负，将个人的能力发挥到最大程度。达到自我实现境界的人，接受自己也接受他人，解决问题的能力增强，自觉性提高，善于独立处事，能完成与自己的能力相称的一切事情。也就是说，人必须在其位谋其政，这样才会使他们感到最大的快乐。马斯洛提出，为满足自我实现所采取的途径是因人而异的。自我实现是指努力发掘自己的潜力，使自己越来越成为自己所期望成为的人。

1954年，马斯洛在《激励与个性》一书中探讨了他早期著作中提及的另外两种需求：求知需求和审美需求。这两种需求未被列入他的需求层次排列中，他认为这二者应居于尊重需求与自我实现之间。

2. 基本观点

（1）五种需求像阶梯一样从低到高，按层次逐级递升，但这样的次序不是完全固定的，是可以变化的，也有种种例外情况。

（2）一般来说，某一层次的需求相对满足了，就会向高一层次发展，追求更高一层次的需求就成为驱使行为的动力。相应地，获得基本满足的需求就不再是激励力量。

（3）五种需求可以分为两级，其中，生理需求、安全需求及归属和爱的需求都属于低一级的需求，这些需求通过外部条件就可以满足；而尊重需求和自我实现是高级需求，他们是通过内部因素才能满足的，而且一个人对尊重和自我实现的需求是无止境的。同一时期，一个人可能有几种需求，但每一时期总有一种需求占支配地位，对行为起决定作用。任何一种需求都不会因为更高层次需求的发展而消失。各层次的需求相互依赖和重叠，高层次的需求发展后，低层次的需求仍然存在，只是对行为影响的程度大大减小。

（4）马斯洛和其他的行为心理学家都认为，一个国家多数人的需求层次结构，是同这个国家的经济发展水平、科技发展水平、文化及人民受教育的程度直接相关的。在不发达国家，生理需求和安全需求占主导的人数比例较大，而高级需求占主导的人数比例较小；在发达国家，则刚好相反。

（二）幸福概述

"幸福是什么？""怎样才算幸福？"人类思想史上对幸福的讨论由来已久。古希腊哲学家伊壁鸠鲁认为"幸福就是身体的无痛苦和灵魂的无困扰"；儒家思想认为，德行即是幸福；现代很多人认为丰衣足食、身体健康、家庭和睦、事业有成就是幸福。作家林语堂说，幸福人生，无非四件事：一是睡在自家床上；二是吃父母做的菜；三是听爱人讲情话；四是跟孩子做游戏。幸福其实就是这么简单，从不遥远，也不高深，也不虚无，实实在在地存在于我们的身边，存在于生活的每一个角落，它是一种内心的丰盈与满足。每一个热爱生活的人，都可以拥有它，都可以享受它。幸福也只属于热爱生活，对生活认真负责、脚踏实地、永不放弃的人。

在和平安定的社会环境下，幸福是人生追求的最大目标。幸福不是一种简单的心理满足，也不是简单的自由，更不是空中楼阁，而是需要实实在在的要素来支撑的。当然，幸福也不是简单的及时行乐和得过且过，幸福是一个最终目标，而不是转瞬即逝的快乐时刻。支撑幸福的要素有很多，但人生平安、身体健康、事业有成、家庭和睦、亲人陪伴及一定的智慧等几个方面最为重要，如果缺少了其中的任意一个要素，幸福都会黯然失色。

1. 幸福的概念

按照《词源》的解释："幸"是指吉祥而免去灾祸，"福"是指一切顺利，幸运。古代中国没有幸福一词，幸福主要与民众的福与典籍的乐有关：《尚书·洪范》的"五福"记载了民间百姓对美好生活的一般评价；儒家和道家都以乐的方式（如安贫乐道、知足常乐）表达对美好生活的理解。

哲学家认为许多时候幸福在于人的主观感受。当然真正的哲学观点也不主张把幸福完全定义在人的主体感觉方面，而是建立在对所需求的对象获得满足的基础之上，必须是人的主观感受和客观条件结合的产物。站的角度不同，人所追求的幸福也有所不同。幸福，是我们都想得到的东西。哲学家们也对幸福是什么及如何获得幸福有着截然不同的看法：柏拉图认为，幸福除了身体上的满足以外，必须包括积极性、责任感、成就感以及爱；尼采把幸福理解为一种愉悦和满足的状态；苏格拉底认为，想要更好地把握幸福，应该以实践为基础，幸福是指人们自身主体对客体的一种反应；弗兰克尔认为，幸福不仅是实现生命意义的结果，同时也是自我超越的一个意想不到的附属物，幸福不是追求而来的，而是自然产生的；罗素认为"基本的幸福最重要的立足点是对人对物友善的关切"，从心出发，关切（或者说爱）很多人是人们最主要的幸福之源；卢梭认为，世间真的有这么一种状态——心灵十分充实和宁静，既不怀恋过去，也不奢望将来，放任光阴的流逝而仅仅掌握现在，无匮乏之感也无享受之感，不快乐也不忧愁，既无所求也无所惧，而只感受到自己的存在，处在这种状态的人就可以说自己得到了幸福；亚里士多德说："幸福取决于我们自己"，并认为幸福是人类生存的最终目标，是衡量整个人生的标准，是衡量生活得有多好，而不是把幸福仅仅看作通过考试或与朋友出去玩时所经历的乐趣，他认为幸福是一个最终目标，而不仅仅是一种短暂的感觉，在努力获得幸福的过程中，以下的所有因素都很重要：健康、金钱、友谊、关系、知识。因此，幸福是一个最终目标，而不是转瞬即逝的快乐时刻。

综上不难得出：幸福是指人感知自己的需要、条件及活动趋向和谐的生活状态。幸福是一种心理需求和欲望得到满足时的状态，是一种持续时间较长的对生活的满足，感到生活有巨大乐趣，并自然而然地希望有持续久远的愉快心情。

2. 幸福的本质

"幸福"是个体重大需要和欲望得到满足的境遇或感知，其在本质上是一种判断标准。每个人所接受的社会主流价值观的种类和多少不同，其幸福标准也不同。个体正是依据自身的幸福标准来衡量自身幸福的程度。

费尔巴哈认为："生命本身就是幸福"。诚如所言，自人类诞生以来，"幸福"就一直是人们终生追求的目标。但是，关于"幸福"是什么的问题，不同的人可给出不同的回答，甚至同一个人在不同时期、不同环境下也会给出不同的答案。事实上，每个人的意识或潜意识中都存在着一个"欲望标尺"，人们是在不经意间根据这个标尺来衡量自己的幸福的。人的欲望，既出自其动物遗传的本能，也受到后天社会环境的影响。作为人，首先需要满足的是生存需要。《礼记·礼运》云："饮食男女，人之大欲存焉；死亡贫苦，人之大恶存焉。"如果抛开一切社会因素，个人的幸福无疑是建立在本能欲望被满足之上的，感官快乐其实是幸福的原初状态。在西方哲学史上，以伊壁鸠鲁、霍尔巴赫、费尔巴哈等为代表的快乐主义幸福观，从人类趋乐避苦、趋利避害的天性中道出了幸福的最初起源。伊壁鸠鲁声称："快乐是幸福生活的开始和目的。因为我们认为幸福生活是我们天生的最高的善，我们的一切取舍都从快乐出发；我们的最终目的乃是得到快乐。"

然而，哲学对人生价值的关注和构建，使快乐主义幸福观遭到强烈批评，甚至受到压制。"其实，享受感官的快乐并不是人生的过错，过错只在于追求感官刺激的快乐成了生活的目的，只在于满足吃喝玩乐的无尽欲望成了幸福本身，只在于走到了享乐主义这一步。这种把感官上的快乐推向极端，把纵欲当成人生的最高幸福，就是所谓享乐主义的人生观、幸福观。"可见，快乐主义幸福观并不符合主流社会所倡导的生命伦理法则，作为区别于动物的人类，往往被赋予比动物更高级的"生活意义"，如果人们一味追求肉体和感官上的满足，就无异于退化。

尽管快乐主义幸福观被一些伦理学家所诟病，但不可否认的是这些所谓的"低级欲望"是人的自然天性，社会上的芸芸众生对幸福的最初考量，也是源自自身感官的满足，正如康有为所言："普天之下，有生之徒，皆以求乐免苦而已，无他道矣。"

另外，作为满足人们欲望的基本条件，财富的多少也一直与人们的幸福感密切相关。古希腊的梭伦认为，幸福应具备五个要素，而"拥有中等财产"被他列于首要地位。国外大量的实证研究也支持财富影响幸福感的结论。在国内，罗楚亮的研究表明，绝对收入与主观幸福感之间具有显著的正向关联，即便控制了相对收入效应，绝对收入的影响仍较显著。因此，若从这点而言，无论是相对意义还是绝对意义，收入仍然是提升主观幸福感的重要因素。

完美主义幸福观在人性的基础上突出了人类"德性"的价值。德谟克利特说："使人幸福的不是体力，也不是金钱，而是正义和多才。"他明确指出："人们通过享乐上的有节制和生活的宁静和谐，才能得到快乐。"亚里士多德肯定了快乐主义幸福观的人性前提，但在他看来，最为平庸的人才把快乐和幸福相等同，他们以生活享受为满足，这显然是一种奴性的生活，他认为幸福"是灵魂的一种合乎德性的现实活动"。

事实上，他们从伦理学意义上提出的德性幸福观是在倡导一种社会价值与社会秩序，反对人类沉浸在动物感官满足基础上的快乐，提出一种理想化的幸福观念，这符合区别于动物的人类追求"意义世界"的价值观念。"德性"虽然可能通过降低人们满足自身对"低级欲望"的要求来提升自身生活满意感，但更大程度是通过一种道德伦理规范，倡导人们通过"符合德性的行动"获取幸福，从而减少妨碍他人幸福实现的可能性。从另一个角度看，那些以追求美德为最终幸福的人，其实已经将美德转变成自身的最大愿望，其本质也是欲望，只不过是一种被"意义化"了的欲望，而脱去了"低俗"的外衣。心理学上对主观幸福感的研究也是以快乐主义为基础的，其中的社会比较理论、期望值理论、目标理论、适应与应对理论等，无不围绕需要与欲望开展研究。虽然心理学上对幸福感的研究是以实现论为哲学基础，但他们的研究本质上仍然围绕着"幸福是需要与欲望的满足所带来的一种心理体验"这一命题而开展。

此外，人类个体在社会化过程中，通过同化与顺应，把不同类型的幸福观念组织到自己的幸福图式之中。但是，由于个体的遗传因素、人格特质、文化水平，以及其家庭与社会人文环境等的不同，个体欲望的产生、转移或压抑状况会有较大差异，幸福标准中的构成要素及其所占权重也会有所不同。另外，即便是同一个体，虽然因认知的过程性和一致性特点，能够保持其幸福标准在生命历程的一段时期内相对稳定，但在生命历程的不同阶段，因个体所面临的人生任务不同，他的幸福标准也会相应调整甚至是发生重大变化。尤其是自身的认知变化和个体比较或参照对象的转移会对幸福标准产生重要影响。

尽管如此，在每个人的内心世界里确实存在自己对幸福的判断标准。幸福的标准可以从三个层面逐层深入去理解：首先，幸福是人生重大的快乐；其次，幸福是人生重大需要、重大目标及欲望得到满足的心理体验；最后，幸福最终是达到生存和发展的某种完满的心理体验，即自由。需要特别指出，这里所说的自由不是绝对的，而是相对的。人是社会的人，真正的自由只能是相对的，只能是社会规则下的自由，是通过个人努力才能获得的自由，是所谓文明人才拥有的自由，如同思想家是知识的自由、科学家是自然规律的自由、社会学家是政治的自由、企业家是经济的自由、探险家是身体的自由……真正的自由应该是身体的自由、择业的自由、择伴的自由、思想的自由及经济的自由等。这些自由都不是天上掉下来的，而是通过不自由的拼搏奋斗获得的。也就是说，用今天不自由的努力才能换来明天自由的生活。所以，真正的自由都是通过自我修为才能获得的。

从需要和欲望出发，我们能够较好地理解幸福的概念。可以说，每个人都可能根据自己的需要和欲望制作一把"幸福标尺"，并据此来评判自己的幸福程度。由此看来，"幸福"的标准由各类"幸福要素"，即各类需要与欲望构成，不同的需要与欲望由于个体价值观与主体判断的不同，因而对个体幸福感的影响程度也不同。

哪些才是构成幸福的基本要素呢？经过对人生的观察、广泛的交流及归纳总结，我们可以认为人的幸福衡量的标准是人生平安、身体健康、家庭和睦、事业有成、亲人陪伴及知足常乐等，这样的幸福才是具有"三重性"的幸福，才是真正意义上的幸福。所以，幸福是一种心理上的满足，不是空中楼阁，是需要客观因素支撑的。

幸福既是意识的，也是物质的。

总之，幸福很简单，我们现在所拥有的一切都是幸福。只要我们善于观察，懂得发现和寻找，且具有博大的胸襟，雍容大雅的气度，用心体会，用微笑面对每一件事，看淡得失，积极地发掘生活中美好的一面，学会知足常乐，幸福就会时刻围绕在身边。

（三）需求层次与幸福

1. 需求层次与幸福的关系

（1）需求层次概述。

需求是分很多层次的，从马斯洛的需求层次理论来看，人的一切行为都是由需求所引起的。他根据需求的发展水平，把需求划分为不同的层次，分别是生理需求、安全需求、归属和爱的需求、尊重需求，以及自我实现。随着物质生活的日益丰富，幸福的标准也逐渐有了变化。人的幸福感与其自身的主观因素有关，幸福的好坏根据人的自身体验与感受而有所不同。在不同程度上随着不同阶段的需求的变化，也会使人的主观幸福感随机产生不同程度的改变。随着时代的不断发展，人们的生活也发生着巨大改变，人的需求也在不断变化，幸福感的需求也越来越大，通过充分认识需求的层次，人们能更好地获得幸福，提升幸福感。

马斯洛将人的需求由低向高进行阶梯式排序，最低层是生理需求，中间层有安全需求、归属和爱的需求，更高层有尊重需求及自我实现。其通常可以理解为人不仅不能缺乏物质生活，也不能缺少安全、归属、爱和尊重的需求。当对食物的需求量是最强烈的时候，其他需求则显得不那么重要，人在这时的意识会全部被饥饿控制，所有机体意识和能量都被获取食物所支配，在极端饥饿下人只会被吃所支配，而其他一切显得都不那么重要。人只有从最低层和中间层的需求中彻底解放，才会有更高层的需求出现——尊重需求及自我实现。

（2）各需求层次的现实问题及其对人的幸福感的影响。

①第一层次：生理需求。这是人的最基本需求，例如，人的衣、食、住、行等。当这些需求得不到满足时，哪怕是其中任意一个，都会对人的生理机能带来威胁。不难发现生理需求是人一切行动的基础，也是人正常生命活动的动力。人在实现某种程度的最基本生存需求后，其他需求也就随之而来，形成新的激励因素。

生理需求的现实问题。随着生活节奏加快，人的生活规律也受到了影响。一方面表现为睡眠质量不高；另一方面表现为饮食不规律。人的第一需求就是生理需求，人只有解决这些最基础的需求，才可以追求更高层次的需求。生理需求是最基本的物质需求，如果人的最基本需求无法满足，幸福感将如何获得？

生理需求对幸福感的影响。基本需求的满足和实现能给人带来主观幸福感，如果人的基本需求得到了满足，那么基础需求层面的主观幸福感也会随之提升，从而激励人追求更高层面的幸福。如何提高人的幸福感？从最基础的需求出发，养成良好的生活习惯与体育锻炼的习惯，使身体健康有活力，保持充足睡眠，使身心得到愉悦。

②第二层次：安全需求。它是人为了保护自己的身心安全的一种需要。人的机体在本能意识下有自我安全保护机制，主要包括人的感受器官、效应器官、智能及其他能量。满足安全需求的同时就有对科学及人生观的认识，从而形成安全意识。然而这种需求被满足后其将没有激励作用。

安全需求的现实问题。近些年来人的生活环境有了很大变化，人口的密集、住宅的集中给安全带来了影响。另外，疾病的困扰、防疫的需要，也造成了财产与人员的损伤，这会引起人们的不安情绪，可能导致安全需求无法更好地得到满足，这样的环境对人的劳动与创造都有影响，安全的心理因素就会对幸福感产生影响。

安全需求对幸福感的影响。人在不断加强自我保护意识的同时，也对疾病有了科学的认识，在思想上的完善也使得自身有了安全感。除此之外，通过学习认知世界，通过学习懂得保护自身合法权益不受侵害，从知识层面达到保护自己并获得意识上幸福的满足。通过身体锻炼，从肢体防御上来获得安全保障。加大社会的安全保护系统，完善社会机制，使人们在社会生活中不再有安全问题的困扰，增加社会安全幸福指数。

③第三层次：归属和爱的需求。归属和爱的需求也称作社会需求，人的本质就是社会关系的总和，这其中有人与人、人与社会及人与自然等的关系，这些关系又离不开爱与归属的需求。人本身就有对情感的无限需求，不论是在家庭关系中的亲情维系，还是在伴侣间的深情爱意，这些都是爱的需求。在人的不断成长中，受环境影响，不断维系感情需要归属感的参与，通过友谊、亲情、爱情的不断加入，人越发需要认同、信任和接纳，这就是人的归属需求。人在社会生活中离不开各种关系的参与，人需要社会交往，需要良好的人际关系，需要人与人之间的感情和爱，

在组织中能得到他人的接纳与信任。与他人的关系对每个个体都是很重要的，人的交往是人与人之间心理接触和行为一致的协调，对于人类而言，在交往中良好关系的建立是人生发展、自我完善及实现人生价值的保证。

归属和爱的需求的现实问题。虽然人们对归属和爱的满意度较为适中，但是在人际交往中也存在着阻碍。随着年龄的增长，人们对生活、事业的认知是不同的，因而看待归属和爱的需求也是有轻重之分的。学生时代比较容易受到感情的影响，没有经验，容易受挫，并且对归属和爱的需求得不到满足，就会产生紧张、忧虑、沮丧，甚至有被抛弃的感觉，从而使幸福感降低。随着年龄的增长及人生经历的不断丰富，人们就有了感情的支撑，做事就会达到事半功倍的效果。

归属与爱的需求对幸福感的影响。人应该积极改善社会关系，踊跃参加社会活动，积极进行社会交往，与他人进行信息交流和情感沟通。对性格内向的人，要引导其进行主动的人际交往，积极参加集体活动，使其融入集体之中，在一定程度上提高他们的幸福体验。

④第四层次：尊重需求。尊重即自尊和他尊。自尊是指一个人希望在各种不同情境中有实力、能胜任，充满信心、独立自主，获得成就感；他尊是指一个人希望有地位、有威信，受到别人的尊重、信赖和高度评价，自己的工作成绩、社会地位能得到他人的认可。若要满足尊重需求，需要增强自信心，提高对生活的热情，参与社会发展，从而体现自我价值。

尊重需求的现实问题。当代大学生具有较高的自尊与他尊水平，所以对他人给予的评价与尊重也较为满意。尊重需求的满足会增强自信心，使人觉得自己有能力、有价值。然而，一旦这些需求受挫，就会滋生自卑的情绪，影响大学生的发展。

尊重需求对幸福感的影响。只有在人与人之间建立相互信任、相互关爱、相互尊重的民主自由的交往关系，才可以获得较高的主观幸福感。如可以参与健康高雅、丰富多彩的各种社会活动，通过丰富多彩的文化活动，可以展示自我，体现自我价值，从而获得自尊和他尊，进而提高主观幸福感。

⑤第五层次：自我实现。通过成长和发展，使个人的理想抱负得以实现，将潜能极大地发掘出来，达到自我实现的需求，自我实现是最高层次的需求。如在工作的过程中，劳动能力与自身相匹配，才会使人们感到最大的快乐。自我实现的方式因人而异，但自我实现得到满足后，人的潜力就可以得到很大提升，从而不断提升

幸福感。

自我实现的现实问题。人在自我实现程度的能力方面各有差异，在目标和理想的确立上也有差异。因此，只有部分人可以依照自己的计划去实施并坚持，还有一部分人克服不了外界困难和自身惰性，在生活中浑浑噩噩，只满足于现状，无法进行潜能发掘与自我突破，实现不了预期的自我价值。

自我实现对幸福感的影响。要满足自我实现，就要发挥自身的主观能动性，培养健全的人格，在内心世界形成和谐美好的境界，加强幸福感的体验能力，通过对人生观、价值观和世界观的培养，使自身树立崇高的人生理想和信仰，有意识地不断学习，创造自身价值，奉献社会，从自我实现中认识到生命终极意义并与之联系起来，从而获得真正幸福的生活。

通过需求层次的发展可以看出，需求取决于已经得到了什么，还缺少什么，当需求没有得到满足时就会影响人的行为，影响人的心理感受，即幸福感。人的需求具有轻重、多层次的结构，在某个层面达到满足后，就会开启另一个层面的需求，从而不断推进人的发展，幸福感指数也会随之变化。劳动创造幸福，幸福的获得也将由人的劳动行为来决定。

2. 马克思主义幸福观

马克思主义幸福观立足于历史唯物主义的基本向度，是在不断实践的过程中形成的，它深刻阐释了幸福的根源，提出了实现幸福的方法与途径，是科学的、积极的、大众的幸福观。马克思主义幸福观追求全人类的解放和幸福的实现，无论对社会还是个人，都具有深远的现实意义，它对我们建设中国特色的社会主义，对我们追求和创造幸福生活，都具有重要的理论意义。

（1）劳动是幸福生活的基本来源和实现方式。

在《1844年经济学哲学手稿》中，马克思说劳动是人类的本质活动，他明确指出："有意识的生命活动把人同动物的生命活动直接区别开来。正是由于这一点，人才是类存在物。"其中，"有意识的生命活动"指的是劳动。劳动是人类社会生存和发展的基础，也是人与动物的主要区别之一。劳动不仅创造了人类生存和发展的根本条件，还创造了人本身，人在劳动中产生，并通过劳动使自己的体力和智力得到发展。马克思指出，劳动是获得享受和幸福的手段，人类真正的幸福是劳动幸福。劳动能够有目的地促进工具的产生和发展，提升生产力，提高劳动技术和生产效率，进而提升人类的幸福感。"任何一个民族，如果停止劳动，不用说一年，就是几个星期，也要灭亡，这是每一个小孩都知道的。"人只有通过劳动，才能不断地积累物质财富和精神财富，才能感受到生活的美好，领略到自身存在的价值，从而获得持久而稳定的幸福。

（2）幸福是物质生活与精神生活的统一。

马克思主义幸福观认为，幸福是物质生活与精神生活的统一。物质生活是获得幸福的基础，是人类生存发展的必要条件，物质条件的发展也影响着人的精神生活水平；精神生活是对物质生活的升华，也是人类发展所不可或缺的。

人的生存和发展都离不开物质，物质需求是人类最基本的需求，也是人类社会发展的基础。没有基本的物质生活保障，人类就难以生存，更不用说获得幸福了。人类为满足自身生存和发展的物质需要，激发了其改造自然、改造自我的生产实践活动，同时也促进了社会生产力的发展。人类对物质幸福的追求促进了社会的发展，而社会的不断发展进步也提高了人类物质需要的满足度，进而促进了人类物质幸福的实现。

幸福是物质与精神的统一。物质幸福与精神幸福是相互依存、共同发展的，人类不仅要提高物质生活水平，还要满足精神生活的需求。物质生活是精神生活的基础，只有满足基本的物质需求，精神生活才有可能实现。

（3）幸福是劳动创造与生活享受的统一。

马克思主义幸福观的真谛更深层次指的是个人通过辛勤劳动创造出的物质与精神世界。马克思曾说："历史承认那些为共同目标劳动因而自己变得高尚的人是伟大的人物；经常赞美那些为大多数人带来幸福的人是最幸福的人。"马克思主义幸福观认为，人类通过劳动创造来实现幸福、享受幸福。劳动创造是享受的前提，享受是劳动创造的结果，人类自身的幸福要通过自身的努力劳动去创造，并且能够从劳动创造的幸福中享受生活。

人们通过劳动创造使自身得到全面发展，用心感受劳动带来的喜悦，能够产生更强烈的幸福感。正如马克思所说："生产劳动给每一个人提供全面发展和表现自己全部的即体力和脑力的能力的机会，这样，生产劳动就不再是奴役人的手段，而成了解放人的手段。因此，生产劳动就从一种负担变成一种快乐。"通过劳动创造得到的幸福，内容更丰富，使人的体会更深刻。

（4）幸福是个人幸福与社会幸福的统一。

马克思指出："人的本质并不是单个人所固有的抽象物。在其现实性上，它是一切社会关系的总和。"人是社会的人，是社会关系的总和。社会中的人不能脱离社会进步而独立发展，社会的进步也是人实现发展的重要条件。个人幸福与社会幸福是相辅相成的，马克思主义幸福观将个人幸福与社会幸福结合起来，个人幸福的实现离不开社会提供的帮助和支持，个人幸福是在保障社会幸福的基础上得以实现的。同样，社会发展以个人的发展为前提，社会幸福也不能脱离个人幸福而发展。个人幸福与社会幸福是辩证统一的，个人幸福促进了社会幸福的发展，使社会幸福的内容更加丰富多彩，社会幸福又决定个人幸福，并使个人生活的幸福质量有所提高。

（5）幸福观的价值指向是人的自由全面发展。

马克思指出："人应当通过全面的实践活动获得全面的发展。"人的自由全面发展是马克思主义发展观，是人生存发展的最为理想的状态。马克思主义幸福观倡导的是只有实现人的自由全面发展才能真正实现人的幸福，马克思主义幸福观的最终价值指向就是人的自由全面发展。

人的自由全面发展是马克思主义幸福观的最高理想和最终目的。人的自由全面发展是指每个现实的人摆脱和超越自身的各种束缚和制约，提升自身各方面的能力，提高创新能力，增强工作能力等，从而提升综合能力使人得到自由全面的发展。马克思认为，人的自由全面发展只有在社会整体发展良好的情况下才能够实现。人有意识地进行的创造性活动是一种深层次的活动，通过劳动对象的改变得以体现。个人的创造性活动在不断实践的过程中得到发挥，人们的发展也是在不断实践活动的过程中实现，在实践中拥有获取幸福的权利。马克思指出："要不是每一个人都得到解放，社会本身也不能得到解放。"由此可见，每个人的自由全面发展促进了社会的解放。人的自由全面发展是人类最终的追求和构建幸福社会的条件。

二、人生阶段与幸福

（一）人生阶段的划分

究竟什么年龄是幼儿？什么年龄是青年？什么年龄是中年？什么年龄是老年？目前，关于人生各阶段应该怎样划分，没有一个科学的理论依据与客观的判断标准，基本上都属于模糊界限和主观标准。显然，不同年龄阶段的人，有不同的生理特征与心理特征，担任不同的社会角色，承担不同的社会责任。因此，建立一个全新的人生阶段划分的科学理论，对有效地指导人们的生命运动与社会活动，具有重要的理论价值与现实意义。

1. 孔子的划分

子曰："吾十有五而志于学，三十而立，四十而不惑，五十而知天命，六十而耳顺，七十而从心所欲，不逾矩。"十五岁开始立志求学；三十岁确定了人生努力的方向；四十岁的时候，人生的很多问题都思考明白了，不再疑惑；到了五十岁，才知道上天赋予人的使命；六十岁明白了万事万物存在的合理性，所以看到什么事物和听到什么事情都没有什么奇怪的了；七十岁的时候，就到了与大自然融为一体的随心所欲状态。这是孔子对自己人生历程的高度概括，是极其珍贵的人生总结，是无悔人生的写照，是中华民族的宝贵财富。2000多年来，这几个人生阶段的划分一直指导着后人的人生发展，规范着炎黄子孙的人生轨迹，印证了中华民族拼搏奋斗的历程。

2. 心理学的划分

婴儿前期是1~1.5岁，婴儿后期是1.5~3岁，幼儿期是3~6岁（幼儿园阶段），儿童期是6~12岁（小学阶段），青春期是12~18岁（初高中阶段），成年早期是18~25岁（大学研究生阶段），成年中期是25~50岁，成年后期是50岁以上。

3. 世界卫生组织的划分

世界卫生组织对人的年龄阶段进行的划分：童年是0~7岁，少年是8~13岁，青年是14~25岁，壮年是26~35岁，盛年是36~45岁，达年是46~55岁，中年是56~65岁，老年是66~75岁，寿年是76~85岁，暮年是86岁及以上。

4. 编者的划分

（1）幼儿阶段。

这个阶段是人从婴儿时期生长到幼儿时期的阶段，主要是长身体的阶段。这是人生成长的最初阶段,生理上以发育为主,生活上处在不能独立的阶段。在这个阶段,人在情感、心理上属于萌芽期,是依赖父母和亲人而生存的阶段。当然,这个阶段也是父母和亲人付出最多且最辛苦的阶段。

（2）成长阶段。

这个阶段是人生打基础阶段。这个时期的主要任务是学习知识和技能,广泛培养自己的兴趣爱好,做一个德智体美劳全面发展的好学生。这个阶段,人在情感、心理和人格上逐渐清晰并确立,是知识和能力增长最快的阶段,同时也是价值观确立的关键阶段,因而这个阶段奠定了人生发展的基础。由于这个阶段是人生发展的关键期,所以特别需要家庭、社会、学校等环境因素施以正面的影响并为之付出艰辛的劳动,否则就会严重影响整个人生。

（3）创造阶段。

这个阶段是人生的黄金阶段,也是人生最关键的阶段。找好定位,在适合自己的工作岗位上努力工作,为国家多作贡献,努力成为一个对社会有用的人。这个阶段是创造财富并回馈社会的阶段,在前一个阶段所积累的知识与技术的基础上,通过自己劳动创造的物质财富和精神财富,成就自己的事业和梦想,为社会的稳定与发展作出自己的贡献。可以说,这个阶段所创造的物质财富和精神财富的量,决定着自己的人生价值,也决定着被社会认可的程度。

（4）传承阶段。

这个阶段是人生的暮年阶段。在这个阶段,人们都会静下心来对自己的一生进行评价,要么是满意的,要么是基本满意的,当然也可能是遗憾的。满意的评价一定是来自对人生的珍惜；遗憾的评价则会来自很多原因,如光阴的虚度、机遇的错失和走错人生道路等。然而,二者所不同的是只有满意的人生才能享受晚年的平静与幸福,才能将这种幸福传承于后人。

人生阶段的划分告诫我们,人生各个阶段都是不可替代的。比如,我们不能在吃苦的阶段选择安逸；不能在求学的阶段不学习,或者不努力学习；不能在工作阶段投机取巧等。虚度了任何一个人生阶段,都会造成人生的巨大遗憾。因此,我们要铭记人生阶段的不可替代性,踏踏实实地走好人生每一步,方能到达幸福人生的彼岸。

（二）人生阶段与幸福

人生有不同的阶段，不同的阶段有不同的心境，幸福亦是如此。幼儿时，吃饱喝足睡好、家人疼爱有加，就是幸福；少年时，玩得开心、功课优异，家人开心、老师开心、自己也开心，就是幸福；成年后，事业顺利，实现人生价值，就是幸福；成家后，两人坦诚互爱、幸福美满，就是幸福；有了孩子，孩子聪明健康、平安快乐，就是幸福；中年后，父母身体健康、阖家欢乐，就是幸福。其实幸福很简单！重要的是我们要有一颗发现幸福、珍视幸福的心！

人生阶段不同，对幸福的定义也就不同。幸福并不仅仅是一种追求，而是一种对现状的满足。幸福是一种追求，追求幸福意味着一个人有改变生活的意愿，想凭借自己的能力，让生活变得更好。人生的幸福，并不一定在于愿望的达成，即便是没有结果，追求的过程亦可以成为幸福的体验。在我们回顾已走过的人生时，每一份努力和执着都在见证着自己的成长。无所追求的人生，很难称得上是幸福的，因为人只有在迷茫中不断探寻，才可能获得收获。

幸福是一种满足感。幸福感在于对未来的期许，在于对希望的追求。如果我们的一生总忙于追求，而忘记体会当下的状态，就无法在内心深处体会到喜悦的感觉，那么这个"幸福"的感觉则永远成为一种未来的状态。求若未得，则整个人生不会得到满足。如果说追求是幸福的基础，而此刻的满足则是幸福的即刻兑现。

人的一生要经历几个阶段，从孩子变成成人，从中年步入晚年。人的身心都要经历一个从幼年到成熟，再到衰老的演变过程。不同的人生阶段，看到的是不同的人生风景。一个人若精力旺盛，活力满满，那么他的幸福并不在于对现状的满足，而在于将热情和精力投入对未来的追求中。一个人若已步入暮年，虽然他的身体逐渐衰老，但他的心智趋于成熟，他就不会将对幸福的感受寄托于未来，此刻便是人生幸福实现的一刻，所有的付出已经到了收获季节，应当为自己的人生感到满足。人生阶段不同，对幸福的感受也不同，不可否认，每个阶段的幸福都是一种心理需求和欲望得到满足时的状态，是一种持续时间较长的对生活的满足和感到生活有巨大乐趣，并希望持续久远的愉快心情。幸福是一个最终目标，而不是转瞬即逝的快乐时刻。

1. 幼儿阶段

幼儿阶段是指人从婴儿时期生长到幼儿时期的阶段，是人生成长的最初阶段。

幸福是一个永恒的话题，不同的人对幸福有不同的理解。但现存关于幸福的研究大多是从成人的视角出发，缺乏从幼儿视角进行的研究。而幼儿阶段的幸福，要考虑到幼儿作为一个独立的主体，他们有权发出自己的"声音"，他们的"声音"应该被关注和重视。幼儿的世界是迷人的，只有站在幼儿的视角，我们才能真正走进幼儿的世界。因此，幼儿阶段的幸福应坚持"回到事实本身"的态度，关注现实生活中幼儿对幸福的看法，走进幼儿的世界，倾听幼儿内心的声音。研究发现，幼儿对幸福的认识具体、单纯，但内涵丰富。幼儿对幸福有自己的看法和理解，他们对幸福的界定可从两个方面考察。

（1）幼儿前期的幸福。

幼儿前期主要是指出生后的前两年。幼儿前期，是建立情感纽带的关键时期。此时期的幼儿不太具备语言表达能力，因此，他们对世界的认知先是从观察开始的，然后进行模仿。因为幼儿自己没有判断能力，只会效仿他们生活中最信赖的父母或陪伴他们的亲人（所以孩子是最了不起的模仿者）。孩子喜欢父母或亲密陪伴的人给他们做"体感浴"，包括哺乳、拥抱、亲吻、洗澡、站立及简单的语言对话等，这会让幼儿感到充足的幸福感。

（2）幼儿后期的幸福。

幼儿后期的幸福主要指 3~6 岁时期的幸福情感体验。通过访谈发现，幼儿后期对幸福的理解可分为五个方面。

①幸福是一种积极的情感体验。幼儿后期虽然可以进行语言沟通与表达，但难以用概括的话语对幸福下定义。通过调查分析发现，绝大多数幼儿将幸福定义为一种积极的情感体验。

幼儿1："幸福就是妹妹抱我，我感到很高兴。"

幼儿2："玩滑滑梯的时候很幸福，我感到很开心。"

幼儿3："幸福就是爱妈妈。"

一方面，他们用"高兴""爱"等带有明显正向情感的词语来描述"幸福是什么"；另一方面，此阶段的幼儿将自己对幸福的理解与个人的体验相联系。这说明幼儿理解的幸福就是一种情感体验，并且这种体验还是一种积极的情感体验。

②幸福是一种关系构建。通过对收集的资料进行分析发现，一部分孩子将幸福看作是一种关系的构建。

幼儿1："幸福就是有很多小朋友一起玩。"

幼儿2："家里的幸福就是每天可以和爸爸妈妈一起去看爷爷、奶奶，一起吃饭。"

幼儿3："幸福是我们一起玩呀。"

从访谈中幼儿的表述可以看出，幼儿意识到的幸福并不只是一种符号，而是以具体的活动为载体，以亲密的情感为联结而构建的一种关系。

③幸福是物质需要的满足。

幼儿1："幸福是有好多好多好吃的。"

幼儿2："幸福就是舅舅给我买粽子吃，妈妈给我做好吃的蛋炒饭。"

幼儿3："幸福就是帮妈妈洗碗。"

需求是人的情感产生的内在源泉。在访谈的过程中，对于一些幼儿来说，他们认为的幸福是"吃冰淇淋、吃零食、买玩具、买漂亮的裙子"，当这些基本的需求被满足的时候，就会感受到幸福。反之，当这些基本的生理需求未被满足时，幼儿会产生痛苦等消极的情感体验。

④幸福是亲密而友好的行为。

幼儿1："老师抱我的时候很幸福。"

幼儿2："我亲妈妈的时候最幸福。"

幼儿3："帮妈妈拖地、做家务，帮老师倒垃圾都很幸福。"

幼儿4："幸福就是跟别人一起分享吃的。"

行为是受个人思想支配而表现出来的外部活动，个体可以通过外显的行为表达和传递内隐的情感。可以看出，一部分幼儿倾向于将幸福理解为亲密而友好的行为表现。

⑤幸福是有意义的生活。

幼儿1："幸福就是表现好，听爸爸妈妈还有老师的话。"

幼儿2："我的画画得很好，爸爸还给我贴起来了。"

幼儿3："我想成为科学家。"

根据相关研究，寻找能让自己快乐而有意义的目标，才是获得幸福的关键，幸福应该是快乐与意义的结合。通过对访谈资料的分析发现，对幼儿来讲，幸福既是快乐的现在，又是美好的未来，是一个自我实现的过程。

总之，幼儿对幸福有着自己独特的理解，拥有一个广泛而开放的概念，他们对幸福的认识具体且单纯。编者认为幼儿理解的幸福主要分为两个方面：一是对幼儿前期来说，最信赖的父母或亲密陪伴的人给予的"体感浴"会让幼儿感到充足的幸福感；二是对幼儿后期来说，幸福是一种积极的情感体验、一种关系构建、一种物质需要的满足、一种亲密而友好的行为、一种有意义的生活。幼儿的幸福是与需要、情感、善等紧密交织的，是一种积极的情感体验，是一种无外在动机而沉醉于美好状态的真实的幸福。

2. 成长阶段

成长阶段，也就是求学阶段。由于这个阶段是人生成长的"育苗期""拔节孕穗期"，是世界观、人生观、价值观形成的关键期，所以特别需要家庭、社会、学校等环境因素施以正面的影响并为之付出艰辛的劳动，否则就会严重影响整个人生。

（1）成长阶段的幸福。

家庭和睦对成长阶段的孩子来说是幸福的直接体验。学生深受中华优秀传统文化的影响，家庭意识、归属感比较浓厚，重视家庭和睦，渴望父母长辈的关爱、尊重、认可。学生还受"道德即幸福"的儒家文化的影响，普遍看重道德的作用，认为有道德的满足感，才能进一步有幸福的持久感，并能用道德标准衡量和约束自己的行为。珍惜当下，憧憬美好未来，当代学生对未来的希冀和憧憬总体上是积极向上的，有明确的奋斗目标和拥有美好未来的愿望，拥有目标并希望达成，价值感较强，迫切希望实现人生价值，并期望得到社会和他人的认可。当代学生注重友情，渴望与人交往，渴望被理解，被关注。随着知识技能的提升，让他们获得了满足感和成就感，而自我价值的提升带来的幸福感进一步促使他们在知识的海洋里遨游探寻，获得更高层次的提升。

（2）成长阶段幸福能力的提升。

党的十九届五中全会审议通过了《中共中央关于制定国民经济和社会发展第十四个五年规划和二〇三五年远景目标的建议》，明确要求"不断增强人民群众获得感、幸福感、安全感，促进人的全面发展和社会全面进步。"可以说，"幸福感"是美好生活的重要内容。学校的根本任务在于立德树人，基本使命在于培养德智体美劳全面发展的社会主义建设者和接班人。处在成长阶段的学生，作为时代新人，如何理解幸福、感受幸福、追求幸福及创造幸福，不仅关系到其个体的健康成长，也关系到整个社会幸福感的提升。幸福是一种体验，更是一种能力。

因此，家庭、学校和社会要把培养学生幸福能力放在重要位置，帮助学生树立正确的幸福观，培养学生认知幸福、体验幸福进而创造幸福生活的能力。学校教育是培养人的幸福能力不可缺少的重要场所和重要关口，直接关系未来社会"人民幸福"的实现程度。

①在学习中提升幸福能力。有部分学生觉得学习是和痛苦联系在一起的，即使一开始有兴趣，但兴趣消失后，就很难保持快乐学习的情绪，甚至会感到厌恶。实际上，学习完全可以变成提升幸福能力的途径，我们完全可以找到一种既快乐又有意义的学习方式。

一方面，找到心流，也就是我们平常所说的"在状态"。你可能有过这样的体验：专心阅读的时候，似乎无法听到别人在叫我们；当喜欢画画的人在画画时，会觉得几个小时一晃就过去了。这样的体验就是心流。在心流状态中，我们既感受到了快乐，又呈现出最好的状态。所以，在学习过程中，我们应该创设更多的心流体验，这样我们就能够更有效地学习和成长了，从而提升幸福的能力。根据心理学家米哈里的解释：拥有清晰的目标是心流体验的前提。每个人的目标都会有所不同，目标的大小影响了行动力的大小。目标太大，会让一部分学生焦虑，觉得难以完成；目标太小，又会让他们觉得乏味。所以，需要老师引导学生设立适合的目标，让学生能在适合的学习环境中找到心流，增强创造幸福的能力。

另一方面，我们可以改变对学习的偏见。心理学家唐纳德·赫布曾做过一个研究：他告诉600个6~15岁的学生，他们不需要再做家庭作业。如果他们在课堂上表现欠佳，就会被罚出去玩。如果他们好好表现，会有功课要做。结果在短短的两天之内，学生们都选择了在课堂上好好表现而非出去玩耍。由此可见，当学生可以自主选择是否学习的时候，他们不但感到更幸福，也可以学到更多的东西，同时也会有更好的表现，进而提升幸福的能力。

教师和家长要努力为学生创造一个快乐幸福的学习环境。如果教师和家长能帮助学生寻找学习的幸福和意义，养成快乐学习的习惯，就会激发他们的学习热情和创造力，他们的被尊重感、成就感、价值感就会提升。当孩子在学校和家里被允许去追求幸福，那么他们长大后，也更容易感悟幸福和拥有幸福。

②在劳动中提升幸福能力。2015年7月，教育部、共青团中央、全国少工委印

发了《关于加强中小学劳动教育的意见》，2020年3月20日，中共中央、国务院发布了《关于全面加强新时代大中小学劳动教育的意见》，2022年4月，教育部印发《义务教育课程方案2022年版》，将劳动从原来的综合实践活动课程中完全独立出来，发布了《义务教育劳动课程标准（2022版）》，2022年秋季开学起，劳动课将正式成为中小学的一门独立课程。劳动教育被上升到国家高度，其重要性不言而喻。陶行知认为："劳动教育的目的，在谋手脑相长，以增进自立之能力，获得事物之真知及了解劳动者之甘苦。"今天看来，加强广大大中小学生劳动教育和这一思想不谋而合，具有历史和现实意义。

2018年9月10日，习近平总书记在全国教育大会上指出："要在学生中弘扬劳动精神，教育引导学生崇尚劳动、尊重劳动，懂得劳动最光荣、劳动最崇高、劳动最伟大、劳动最美丽的道理，长大后能够辛勤劳动、诚实劳动、创造性劳动。"因此，劳动不能简单理解为洗衣、做饭、打扫卫生。在教育视角下，劳动是知识的躬身修行；在社会生产视角下，劳动是创造真实价值的手段。通过劳动教育，不仅可以培养孩子的生存技能，而且可以锻炼他们的意志品质，为他们将来自立于社会打下基础。因此，劳动对于孩子成长的影响不仅是学会一些技能，还可以养成良好的品德品质。可以说，劳动教育的意义是让学生用身体丈量物理和心灵的世界。

2020年3月20日，中共中央、国务院印发《关于全面加强新时代大中小学劳动教育的意见》，各地创建了一批劳动教育实践基地，带动劳动教育走深走实。在北京，北京农业职业学院、中国农业机械化科学研究院等4个市级学工学农基地投入使用，学生可以在下田插秧、磨豆腐、做酸奶等过程中感受劳动的不易与伟大；在上海，农场、职业院校、社区街道等资源被整合，为学生提供农业劳作、加工制造、服务体验、创新实验的系统化劳动实践场景。

正如某专家所说："劳动精神在昂扬向上的劳动群体中能更好地传承和发扬，如先进企业、车间、班组，但是大中小学生在日常学习生活中基本上接触不到这些劳动群体，劳动教育要补齐这个短板，在校园文化生活中融入先进的劳动共同体文化。"

劳动教育让孩子拥有幸福生活的能力。开展劳动教育，让学生懂得幸福是基于辛勤劳动之上的。"一粥一饭，当思来之不易；半丝半缕，恒念物力维艰。"认识到劳动的价值后，我们不能把世界只装在头脑里，还要装在身体里，从而成为一个

快乐劳动的孩子

完整的人。劳动教育，不仅致力于观念培育，而且要教孩子们如何从劳动中体验生活的乐趣，培育一种"新生活"方式，让孩子们获得持续创造好生活的能力。

马克思认为，最高的幸福是为他人、社会乃至全人类作出贡献，只有将个人的贡献同人类社会的幸福结合起来，才是最终的幸福。个人对人类社会的贡献，即个人通过劳动实践活动创造出物质的和精神的财富，这就是幸福的源泉。也就是说，幸福要通过劳动创造活动才能实现，只有通过劳动实践活动才能真正实现人生的价值和意义，幸福来源于劳动创造实践活动，想要获得幸福，就要树立劳动幸福观。

习近平总书记指出："劳动是财富的源泉，也是幸福的源泉。人世间的美好梦想，只有通过诚实劳动才能实现；发展中的各种难题，只有通过诚实劳动才能破解；生命里的一切辉煌，只有通过诚实劳动才能铸就。""光荣属于劳动者，幸福属于劳动者。"我们要牢记：劳动最光荣、劳动最崇高、劳动最伟大、劳动最美丽、劳动最幸福。成长阶段是树立正确人生观、价值观的关键时期，只有通过劳动才能真正实现人生价值。因此，学生阶段应形成对劳动的正确认识，平等看待一切形式的劳动，尊重劳动和劳动者，树立劳动幸福观，通过劳动创造价值，在劳动创造过程中实现人生价值，提升幸福能力。

3. 创造阶段

这个阶段是创造财富并回馈亲人和社会的阶段。

（1）创造阶段的幸福。

创造阶段是人的职业生涯的黄金时期，这一阶段的幸福主要体现在通过自己劳动创造的物质财富和精神财富，回馈亲人，成就自己的事业和梦想，为社会的稳定与发展作出自己的贡献。这个时期的人是独立的，是有着很强的自主意识的，在前一个阶段积累知识和技能的基础上，其发展空间和创造的潜力也比较大。

这一阶段，人已经独立进入社会，可以进行团队协作，运用专业知识和技能进行工作和创造。人在创造阶段通过自身的劳动创造了物质财富和精神财富，开始回馈家庭（如老人的医疗、孩子的教育、家庭的和睦与美满等），奉献社会和他人（如自己的劳动成果给他人和社会带来物质方面的供给和精神层面的满足）。在这个过程中，他们满足了家人的需求，得到了他人和社会的认可，他们的价值感得到满足，幸福也就实现了。

（2）创造阶段幸福能力的提升。

有部分人对工作有偏见，认为工作是痛苦的！所以当你问"你喜欢你现在的工作吗？"可能会说"不喜欢！"他们不喜欢自己所从事的工作，因为他们在工作中找不到乐趣，但是为了生活、为了家庭，他们不得不从事自己不想做的工作。

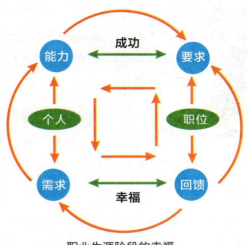

职业生涯阶段的幸福

心理学家亚伯拉罕·马斯洛曾写道："人类最美丽的命运，最美妙的运气，就是做自己喜欢的事情的同时能够获得报酬。"要在工作中找寻幸福，需要有正确的工作态度和方法去提升工作的品质。

①端正工作态度。心理学家埃米指出，人们对待工作有三种态度：任务、职业、使命感。如果我们把工作视为一个任务或者赚钱的手段，而不是期待实现自我价值，那么我们每天上班就是因为必须去，而不是自己想去；如果把工作视为事业，只会注重积累经验，关注事业的发展和各类资源的积累；如果把工作看成是一种使命，那么工作本身就是目标，工作就是充满快乐和意义的力量源泉。

对于已经参加工作的人来说，只有增强自己在工作中的使命感，才能提升幸福的能力，工作的使命感需要自己去塑造。首先，我们要认可自己的工作。对工作的认可比工作本身更重要。其次，学会在自己的工作中去塑造使命感。如医院里的清洁工，如果把医院的干净整洁当成是自己的责任，把能给医院和病人带来舒适的环境当成自己的使命，那么他们就能在工作中找到幸福；再如教师，如果以学生的学业、健康成长为重，他们会真心爱护学生，不辞辛苦地耕耘，学生的成长就是他们最大的幸福。最后，在不同岗位上工作的人，只要喜欢并认同自己的工作，在自己的工作中找到了意义和价值，那么工作就会给我们带来幸福的源泉。

②提升职业能力。职业能力主要是指认知能力、文字语言表达能力、空间认知

能力、手眼协调能力等。此外，任何职业岗位的工作都需要与人打交道，因此，人际交往能力、团队协作能力、对环境的适应能力，以及遇到挫折时良好的心理承受能力等，都是我们在职业活动中不可缺少的能力。人们应该结合自身的职业规划，对自己的目标职业进行考察，了解其所需的职业能力，并对自己进行针对性的培养。用自己的能力和辛勤的劳动最大限度地创造社会财富，人的努力创造过程，既是一个获取生存资源的过程，也是一个成就自身价值、获取自信和多彩人生的过程，更是一个增长智慧和获得幸福的过程。因此，这是一个人获得幸福人生不可逾越的过程。

③增强意志力与自信心。成就事业，不断克服困难解决问题，需要拥有坚强的意志力和自信心。意志力反映的是一个人的抗挫能力，有坚强意志力的人，就是所谓有"韧性"的人，是不易被困难所吓倒的。自信心是我们克服困难的"利刃"，为事业的成功铺平道路，自信心表现为对自己、家庭、国家和民族的认可，强化于所付出的努力和取得的业绩。坚韧的意志和顽强的自信可以坚定人的信念，树立正确的价值观，实现人生的理想和目标。人们经过辛勤的劳动和艰苦的努力，实现了心中的梦想，这是人生无比自豪和幸福的事。通过意志、信心的精神注入，使人通过实现自身价值来获得幸福感，这种获得幸福的途径也是大众所推崇的幸福途径。

④保持身心健康。身体是人一切行动的根基，身体健康、认知学习、事业发展等都由它所承载。所以，健康的身体为事业成功和幸福人生奠定了坚实的基础。注重自己的身体健康，从身心出发，养成良好的生活、学习和工作习惯，保持乐观的心态，达到身心愉悦，才能从健康的体魄中获得幸福。好的身体是人生的资本，有好的身体才可以去实现梦想，获得更多的自由和价值感。愿每个人都拥有高质量的生命历程，给生命和心灵留下一定的空间，去享受生命和心灵带来的快乐。

4. 享受与传承阶段

享受与传承阶段是人生非常重要的一个阶段，仍然是可以有快乐、有作为、有进步的人生阶段。这个阶段应保持良好的心态，好好享受生活，享受人生，让余生过得更加精彩。

享受与传承阶段的需求是多元的、开放的和发展的，其主要包括工作需求和感情交流需求。人在享受与传承阶段尚有工作能力和学习要求，突然离开工作岗位可能会不适应，在这个阶段如有工作和学习的机会，能够促进其身心健康。享受与传承阶段由于生活圈子开始变小，与外界的联系也渐渐少了，对环境的适应能力减退，思想、行为和生活方式也会发生改变，消极情绪增多，容易感到失落、孤独、焦虑等，这个阶段的人们希望在情感上获得更多的幸福。

享受与传承阶段的幸福究竟是什么呢？在社会生活日益丰富的今天，这个阶段的幸福有四个层次。

（1）身体健康。

身体健康是幸福的根基，是幸福生活的源泉。在享受与传承阶段，人们的身体整体呈现下坡趋势，各器官功能下降，肠胃功能减弱，免疫力、抵抗力下降，各种疾病乘虚而入。在这个阶段，要养成良好的生活习惯，多注意养生保健，进行适度的运动锻炼，提高自身免疫力，拥有健康的身体是最大的幸福。

（2）家庭和睦。

家和万事兴，和乐美满的家庭能够让人身心愉悦。在享受与传承阶段，老伴相伴，儿女孝顺并且能常伴左右，对自己充满耐心与关怀，家庭、事业稳定，这就是幸福。

（3）老有所乐。在享受与传承阶段，做自己感兴趣的事情，培养自己的兴趣爱好，对待生活要始终充满自信和热情等。积极参加文娱体育活动，如跳广场舞、下棋、种花养草、旅游健身、参加社团、联谊会、养生讲习班等各项有益身心健康的社会活动，丰富享受与传承阶段的物质文化生活，使身心更加愉悦，这也是一种幸福。

（4）实现自我价值。享受与传承阶段的人们劳动经验丰富，是社会的宝贵财富。这个阶段的人们对人生境界、人格尊严和自我价值的实现也有着更高追求，主要体现在他们能够正确认识自身的社会价值，不断提高对生命意义和生活质量的要求，不断进行自我完善，主动参与社会实践，并积极参与物质文明与精神文明的建设，通过各种各样的方式来展现自己的风采和价值，奉献社会，增强获得感和幸福感，让享受与传承阶段的生活更加健康快乐。

幸福其实无处不在，需要我们拥有一双发现幸福的双眼。无论处在哪个阶段，把自己最好的一面展现给关心自己和自己关心的人，让大家都有一个舒适的环境。常怀感恩之心，珍惜当下，把握所拥有的，不断学习提升自己，把人生过得充实而有意义，这才是最完美的幸福。

专题三：诚信的价值	专题三：享受人生	专题三：赵襄子学车

第二篇

专题四　灿烂的劳动成果
专题五　劳动与幸福人生
专题六　劳动权利与保障

专题四　灿烂的劳动成果

几千年来，中华民族凭借自己的勤劳、智慧和勇气，为人类的发展作出了巨大贡献。下面是对中国古代劳动人民所创造的成就的一些阐述。

（1）农业文明。中国古代的劳动人民开创了农业文明，创造出丰富的种植技术和灌溉系统，让荒芜的土地变得肥沃。他们创造了麦秸还田、轮种、深耕等先进的农业技术，为经济发展奠定了坚实的基础。在此基础上，中国劳动人民不断进行改革创新，如推广豆类作物、引进奇花异草等，逐步形成了丰富多彩、物产丰富的农业生产。

（2）手工业。中国古代劳动人民的手工业也很有特色。他们不但有独具特色的传统手工业，如琉璃制作、制瓷等，而且在机械化出现之前，利用手工制作了大量精美的艺术品，如书画、刻印、雕刻、剪纸等，为人类文明传承留下了无数辉煌的成果。

（3）道路交通。中国古代劳动人民还开创和发展了道路交通，他们在山崖和峡谷之间开凿隧道、修建桥梁及登高栈道等，使交通更加便利。他们还开展了河流疏浚、水利治理、港口建设等一系列工程，极大地促进了经济的发展。

（4）科技创新。中国古代劳动人民的科技也十分发达。他们在萃取、造纸、指南针等方面有着独特的创新，开创了以机械原理为基础的科技文化。如中国古代四大发明：造纸术、印刷术、火药和指南针，具有重大的文化及市场价值，深深地影响着人类的技术发展。

中国古代劳动人民的勤劳、智慧和勇气，开创了伟大的中华文明。我们应当向他们学习，不断创新，为建设美好的未来努力奋斗。

（1）本案例引发了你怎样的思考？

（2）举例说明从古至今我国劳动人民创造了哪些优秀的劳动成果？

（3）如何让优秀的劳动成果继续保持活力？

表 4-1 为"调研当地灿烂的劳动成果"的实践任务。

表 4-1 调研当地灿烂的劳动成果

项目	内　容	备注
调研主题	当地灿烂劳动成果的调研	
调研目标	1. 采集数据。通过走访、电子材料查阅、地方志查询、参观博物馆等方式采集当地灿烂文化成果的数据。 2. 宣传当地的灿烂文化。 3. 创新发展当地典型的劳动成果，形成"一村一品"	
适用对象	全院学生	
组织者	劳动课教师、劳动小组组长	
调研时长	两个月	
调研准备	1. 利用线上、线下（如海报等）方式进行宣传，广泛动员在校学生，充分调动学生参与活动的主动性与积极性。 2. 学生以地域为单位自由组队并选出组长，小组人数以 6~12 人为宜。 3. 统计参与人数，选出工作人员，划分每个小组负责的区域	
调研过程	1. 利用周末或者节假日进行实地踏勘、访谈，要有调研照片、调研视频等支撑材料。 2. 至少召开一次调研交流会，梳理调研情况，形成调研情况清单。 3. 将调研结果转化为要解决的具体问题，力求促进当地经济的发展	
调研要求	1. 要以问题为导向，明确调研的目的和实效。 2. 访谈内容记录要详实，最好用录音笔录音。 3. 电子资料等二手资料要确保真实、信息有公信力，要注明出处	

表 4-2 为"调研当地灿烂的劳动成果"的实践任务评价。

表 4-2 调研当地灿烂的劳动成果的实践任务评价

评价标准	评价等级
小组有切实可行的活动计划，记录活动过程详实完整，总结活动注重实效	A
小组有活动计划，记录活动过程相对详细，总结活动相对注重实效	B
小组有活动计划，记录活动过程不太详细，总结活动不太注重实效	C
小组无活动计划，记录活动过程不详细，总结活动不注重实效	D

一、劳动与人

在一定意义上，人类历史就是人类劳动史。马克思在《资本论》中对劳动的本质作了深入分析，他指出："劳动首先是人和自然之间的过程，是人以自身的活动来引起、调整和控制人和自然之间的物质变换的过程。"马克思和恩格斯在《1844年经济学哲学手稿》《共产党宣言》《资本论》等经典文献中阐述：劳动是人类基本的实践活动和存在方式，是人类创造物质财富和精神财富的基本途径，也是人类生存和发展的最基本条件。首先，劳动创造了人本身。恩格斯曾在《自然辩证法》中指出："劳动是整个人类生活的第一个基本条件，而且达到这样的程度，以至于我们在某种意义上不得不说劳动创造了人本身。"在从猿到人的转变过程中，从直立行走、手的自由、语言的产生，再到人脑的形成，劳动起着决定性作用。其次，劳动创造了人类社会。劳动是人类全部社会关系形成和发展的基础。在劳动过程中，人们之间形成了生产关系。正如马克思所说，历史不过是追求着自己目的的人的活动而已。在劳动过程中形成的人与人之间的关系，也就是生产关系，是人类社会存在和发展的基础。劳动是促使社会历史发展的根本推动力量。最后，劳动创造了财富。人们通过劳动满足最基本的生存需要，实现物质财富与精神财富的创造和积累。

（一）劳动的内涵

关于"劳动"一词，《庄子·让王》中已有记载："春耕种，形足以劳动。"这里的"劳动"是指操作或者活动。此外，"劳动"又有"不得安宁"之意，如《三国志·魏志·钟会传》："诸葛孔明仍规秦川，姜伯约屡出陇右，劳动我边境，侵扰我氐羌。"再者，"劳动"有烦劳或劳累的含义，如三国时期曹植的《上疏陈审举之义》："陛下可得雍容都城，何事劳动銮驾，暴露于边境哉？"现代语境下，"劳动"一词，通常是指人类实践活动的一种特殊形式，多指创造物质财富和精神财富的活动，既包括体力劳动，也包括脑力劳动。在《中国大百科全书（哲学卷）》中，"劳动"被定义为"是人类特有的基本的社会实践活动，也是人类通过有目的的活动改造自然对象并在这一活动中改造人自身的过程。"17世纪下半叶英国的古典经济学家威廉·配第在《赋税论》一书中提出了劳动是财富之父，土地是财富之母。18世纪亚当·斯密从英国古典经济学的角度指出劳动是价值的源泉和尺度。黑格尔认为，劳动就是人的自我创造、自我确证。在黑格尔看来，劳动的过程就是绝对精神在自然界再异化和扬弃这种异化。例如，通过劳动异化而造成主人和奴隶的易位。黑格尔通过异化劳动揭示了人和人之间不平等的根源性，真正将劳动与人的本质相联，将其提升为哲学概念。空想社会主义者关于劳动的论述对马克思的劳动理论起了很重要的作用。圣西门抨击资本主义制度，同情劳动者；傅里叶认为劳动是人的本能，并且论证了劳动和享受的同一性；欧文主张废除私有制，在人人劳动的理想社会中，没有阶级差别，实行按需分配。

马克思认为，劳动是人类所特有的一种有意识、有目的的社会实践活动，是人用自己的体力和脑力，以自身的活动来调整和控制人与自然之间的物质、能量、信息的交换过程，是人的生存条件和存在方式，也是社会存在和发展的基础。根据劳动过程、对象、产品等要素的不同，它的表现形式至少涉及以下相互关联的四对范畴、八个方面：体力劳动和脑力劳动、简单劳动和复杂劳动、物质生产劳动和精神生产劳动、生产性劳动和服务性劳动。

科学研究

工程设计

综上所述，劳动是指能够对外输出劳动量或劳动价值的人类运动，是人维持自我生存和自我发展的唯一手段。劳动有广义和狭义之分，广义的劳动是指发生在人与自然界之间的所有活动，其实质是通过人有意识的、有目的的活动来调整和控制自然界，使之发生物质变换，即改变自然物的形态或性质，为人类的生活和需要服务。

广义的劳动除生产、生活劳动外,还包括科学研究、工程设计等复杂的脑力劳动占主导的劳动类型。狭义的劳动专指生产和生活中的劳动,通常以体力劳动为主,以物为劳动对象,劳动之后对象的外形或本质发生变化。这种劳动行为直接创造价值,或者使劳动对象产生或提升使用价值。

(二)马克思主义劳动观

1. 人是劳动的产物

劳动创造了人类生存所必需的全部物质和精神条件,"劳动"对"人"的哲学意义起源于恩格斯的"劳动创造了人本身"的著名论断。恩格斯在其著作中指出,"政治经济学家说:劳动是一切财富的源泉。其实,劳动和自然界在一起才是一切财富的源泉,自然界为劳动提供材料,劳动把材料转变为财富。但是,劳动还远不止于此。劳动是整个人类生活的第一个基本条件,而且达到这样的程度,以至于我们在某种意义上不得不说劳动创造了人本身。"恩格斯的"劳动创造了人本身"的观点,肯定了劳动在人类进化史中至关重要的作用。与此同时,恩格斯也为"劳动创造了人本身"加上了限定条件,即"劳动是整个人类生活的第一个基础条件"。在恩格斯看来,劳动与人二者共生就是"劳动创造了人本身"。劳动帮助人类从猿类进化而来,在这一过程中,自然界要为物种的生存提供必需的物质基础,因此,自然界必须与人类存在联系。恩格斯在《劳动在从猿到人转变过程中的作用》中提出,正是劳动,彻底将人与猿区别开来。恩格斯从人类自身发展的角度出发,对人类由猿类进化而来重新进行思考,详细描述了劳动在人类从猿进化为人的过程中的作用。会使用和创造劳动工具使人类社会与猿群世界得以区分开来。劳动使人学会直立行走,并且创造了语言。

人类在劳动过程中开始越来越多地体现自己的主观能动性,将人类从动物界分离出来的就是这种有意识的劳动过程。这种特有的活动形式,其目的在于改造自然界以满足自身需求。马克思认为,通过劳动人类就可以证明自身的诞生和形成。他在《德意志意识形态》中提到:"首先是劳动,然后是语言和劳动一起,成了两个最主要的推动力,在它们的影响下,猿的脑髓就逐渐变成人的脑髓。""随着劳动的发展,人脑和感觉器官的成熟使人形成意识需要,进而促使人的抽象思维能力不断提升,构成了完整意义上的人的本质。"劳动是人类赖以生存、发展的决定力量。在劳动的直接推动下,人类经历了从早期猿人到晚期智人的发展过程。劳动促使人类的脑容量不断增大和优化，使人类的体态特征越来越区别于猿而近似现代人，而且使劳动工具日益多样化，人类的物质生活逐渐丰富起来。

总之，劳动创造了人和人类社会，解放并发展了人，是人与人类社会存在和发展的基础，是打开人类社会历史奥秘的钥匙。

2. 劳动与人的发展

马克思从哲学角度强调劳动是人的本质，是人的自我实现，是人类特有的基本的社会实践活动，是人和人类社会存在与发展的基础；从经济学角度强调劳动是人类改造自然的物质活动，是人与自然之间的物质变换过程，是满足人的需要、创造物质价值的活动。

人作为创造与实现劳动价值的主体，在推动人类历史进步的同时促进了人自身的自由而全面发展。人在劳动中产生与发展，既是劳动的主体，又是劳动的积极成果。在劳动中，人不但能够能动地改造客观世界，而且在不断地改造主观世界。人类通过劳动发现世界、创造世界、创造物质资料、创造价值，这不仅满足了自己的需要，而且产生了新的需要，激发了进一步追求幸福的动力。劳动生产力的发展推动着人类历史文化的创新和发展。人通过劳动，不断地展开对整个文化世界的创造，使人生活的世界不断焕发新的生机与活力，展现了劳动对人发展的普遍意义。

3. 劳动与人类社会的发展

劳动在人类社会发展中具有基础性的作用，同时是推动人类社会进步的根本力量。为了生存，人类必须进行生产劳动，以获得生存所必需的物质资料。劳动是社会中的劳动，在物质生产劳动中人们会结

港珠澳大桥

成一定的社会关系。劳动开创未来，劳动推动人类社会进步。因为劳动与创造，我们拥有了辉煌的历史；因为劳动与创造，我们拥有了今天的成就。

《德意志意识形态》一书中讲到："我们首先应当确定一切人类生存的第一个前提，也就是一切历史的第一个前提，这个前提就是人们为了能够'创造历史'，必须能够生活。但是为了生活，首先就需要衣、食、住以及其他东西。因此第一个历史活动就是生产满足这些需要的资料，即生产物质生活本身。"

在马克思看来，劳动是"一切历史的一种基本条件"，正是有了人类的劳动，有了满足人类生存的必需的前提，才产生了生活和历史。马克思从唯物主义立场出发，充分肯定了劳动对整个人类社会发展的重要意义。

二、劳动种类与劳动成果

劳动是人类的本质活动，是人类文明进步的源泉。劳动光荣、创造伟大，是马克思主义劳动观的基本观点，是对人类文明进步规律的重要诠释，也是深深根植于中华民族血脉的精神基因。"一勤天下无难事""民生在勤，勤则不匮""功崇惟志，业广惟勤"等典故俗语，都深刻反映了中华民族勤于劳动、勇于奋斗的传统美德。中华文明历经沧桑而生生不息，一个重要原因就是中华民族始终崇尚劳动、热爱劳动。陶行知说："人生两件宝，双手和大脑，一切靠劳动，生活才美好。"劳动是人类文明进步的源泉，劳动是打开幸福之门的钥匙，通过劳动，人类从盘错交织的大森林走向陆地，从愚昧无知的远古走向现代文明，是劳动创造了物质财富，又是劳动创造了精神文明。劳动使我们有了火的光明与温暖，劳动使我们丰衣足食，劳动使我们住进了宽敞明亮的房子，劳动使我们迈入信息时代，劳动使我们的生命日益创造出奇迹，创造出人类美好的生活与记忆。

（一）劳动种类

1. 传统分类

马克思明确指出，作为价值实体的抽象劳动就是人的脑、肌肉、神经、手等的生产耗费。也就是说，劳动者的脑力和体力是创造价值的统一体现，即脑力劳动与体力劳动。

体力劳动是指以人体肌肉与骨骼的运动为主，以大脑和其他生理系统的运动为辅的主体运动，如步行、挑水等。体力劳动的形成及其发展，都离不开生理系统的参与，它为劳动者提供物质能量和信息。在日常生活中，体力劳动时常出现在农业生产中，在特定时期体力劳动代指人类全部劳动实践。正如古人所说的"劳心者治人，劳力者治于人""劳其筋骨，饿其体肤"等，主要指日常生活中的体力劳动，突出强调劳动过程对人类体能的损耗。从更深层来看，体力劳动并不是单纯的身体的痛苦经历，而是一种具有重要历史意义和人本价值的社会实践。

脑力劳动是指以大脑神经系统的运动为主，以其他生理系统的运动为辅的主体运动，如思考、记忆等。在人类社会发展历程中，随着生产力的发展，脑力劳动的地位越来越重要，价值和财富的创造者主要是脑力劳动者。在科技快速发展中劳动者的队伍结构也在发生着改变，从专业科技领域及管理层工作等种类的工种来看，社会对脑力劳动者的需求量越来越大，在价值创造过程中体力劳动者的地位和作用在逐步下降，科技的发展带来机械化、人工智能，体力劳动有被机器取代的趋势。脑力劳动对提高劳动生产力有巨大的作用，它不仅可以提高人的劳动能力、改进劳动工具、扩大劳动对象的范围，还可以提高生产的管理水平、创造新的生产力。生产力的发展，最终"归结为脑力劳动特别是自然科学的发展"，脑力劳动是社会进步的主要动力。

2. 一般分类

马克思认为劳动是人类所特有的一种有意识、有目的的社会实践活动，是人用自己的体力和脑力，以自身的活动来调整和控制人与自然之间的物质、能量、信息的交换过程，是人的生存条件和存在方式，也是社会存在和发展的基础。

根据劳动过程、对象、产品等要素的不同，它可分为简单劳动与复杂劳动。

关于简单劳动，马克思给出的定义是，普通人的机体平均具有的简单劳动力的耗费就是简单劳动。什么样的劳动力是简单劳动力，人们普遍认为，没有经过培养和训练的劳动力就是简单劳动力。简单劳动不是一成不变的，不同的国家和不同文化时代的简单劳动是不完全一样的，从历史中我们可以了解到我国古代简单劳动的水平就比现代简单劳动的水平低得多。关于复杂劳动，在马克思的相关理论著作中没有给出明确的定义，只是认为其是一种自乘的或者多倍的简单劳动。从没有经过培养和训练的劳动力耗费的简单劳动定义出发，复杂劳动则是经过培养和训练的劳动力耗费。后来就提出了培养和训练劳动力的时间越长、程度越高，复杂劳动的程度就越高的看法。于是，人们用受教育的程度以及时间的长短来衡量劳动的复杂程度，劳动者受教育的程度越高，培养和训练的时间就越长，劳动的复杂程度就越高。当今时代，在高科技产业的快速发展中新的事物不断涌现，而现代科学知识的门类

复杂劳动

繁多且复杂，各门学科日益相互渗透，知识更新速度越来越快，劳动的形式也复杂多样，只有通过更长时间的培训学习，才能适应复杂程度越来越高的复杂劳动的要求。

区分简单劳动和复杂劳动的目的在于说明不同劳动力的耗费形成的价值是不同的。在同样的劳动时间内，复杂劳动力耗费形成的价值要比简单劳动力耗费形成的价值多，这就说明尽管人类劳动力存在一定的差异，但劳动力的耗费都能形成价值，只是复杂劳动力的耗费形成的价值多，而简单劳动力的耗费形成的价值少。

（二）劳动成果

马克思认为"劳动是一切价值的创造者"，劳动创造了财富。恩格斯曾在《自然辩证法》中指出："人们凭借劳动满足最基本的生存需要，实现物质财富与精神财富的创造和积累。"一方面，劳动创造物质财富。劳动把自然界提供的材料变成物质财富。"劳动首先是人和自然之间的过程，是人以自身的活动来引起、调整和控制人和自然之间的物质变换的过程。"人有目的地作用于自然界，通过劳动改变自然物质的性质与形态，使各种原料成为人类生活需要的财富，从而满足人们的物质需要。另一方面，劳动创造精神财富。随着劳动的社会性发展，劳动也成为财富和文化的源泉。在劳动过程中，人类不断地探索和积累丰富的知识和经验，创造了宝贵的科学技术和文化成果，当精神财富的生产从物质财富的生产中独立出来时，就出现了专门的思想家、科学家、艺术家等，他们在人类精神生活领域中劳动，创造文化、科学、艺术等精神财富，为人的自由全面发展创造了前提。精神财富与物质财富是社会财富的基本形式，两者在社会发展中相辅相成，共同满足人的全面发展和需要，共同促进社会的进步。

因此，劳动是创造物质财富和精神财富的过程，是人类特有的基本社会实践活动。

1. 劳动创造物质财富

美好生活离不开物质财富作支撑，而拥有更丰富的物质财富则需要劳动。在漫长的社会劳动实践中，中华民族创造了丰厚的物质财富，不断地满足人们对物质生活的需要，夯实人民群众对美好生活向往的基础。人民群众在获得感、幸福感和安全感不断增强的过程中，其归属需求、爱与自尊需求和自我价值也得到体现。随着物质财富的增长，人们对劳动、奋斗的理解也被赋予了丰富的内涵。

（1）物质财富的概念、种类及特点。

①物质财富的概念。

物质财富隶属经济术语范畴，是指实际存在的财务上的富有。物质财富是人的根本财富，包括食物、衣服、住房等物质基础。

②物质财富的种类。

第一，根本财富。根本财富就是人的生命物质，即身体。在人们意识中往往不把自己的身体看作物质财富。一方面，人们觉得它是人人都拥有的，又天生不与人的能力相关，没有值得攀比和夸耀的必要，这便隐藏了它财富的性质；另一方，人们普遍认为，身体比其他财富更宝贵，其他财富不能与之相提并论，反而觉得它不是财富了。其实，身体不仅是财富，而且是最重要的财富、是最本质的财富、是最根本的财富，是一切财富存在的根本和依据，其他财富都与它紧密相关。人们常说健康就是最大的财富，身体就是最大的本钱，实际上是说身体就是个体最大的财富。保护这个物质财富，壮大这个物质财富，既有一个健壮的身体，又有一个健康乐观的精神世界，对个体来说，没有比这更宝贵的了。

第二，必需财富。这是与身体、健康、温饱密切相关的物质财富，如食物、衣服、房子等。这类物质财富最先与人类产生关系，最先成为人类的物质财富，如稻粱豆黍、瓜果蔬菜、兽禽鱼虾、树皮草叶、洞穴等。缺乏了这种物质财富，个体生命就可能发生危机，这是人类生存发展最基本的财富。

第三，自然财富。这类财富与必需财富的关系最为密切，这类财富有土地、领空、海域及其中蕴藏的人类需要的物质。这类财富是人类社会发展到一定阶段的产物，在原始社会时期是人类共有的。土地、领空、海域是大自然赐予的，野果、飞禽、鱼虾等也是自然生成的，并不属于某个人或某个团体，只是后来在人类对自然财富的抢夺中，成了某个人或某个团体的私有财产。

第四，创造财富。它是人类获得必需财富的劳动工具，以及人类对自然财富加工改造使之成为人类生存发展需要的财富。这些财富是在人们获取食物、穿戴物、住宿物、助行物的需要中产生出来的，是人类创造的财富。柴米油盐、碗盆箩筐、耧犁耥耙、机械电器、汽车飞机、卫星火箭等，都是这类财富的具体体现。这类财富是人类通过对自然的认识，根据它们的特性创造出来的。它使人类社会与动物世界有了明显差别，是社会物质文明发展的真正标志，也是衡量人类社会物质文明程度的真正标尺。

第五，知识财富。它是人类脑力劳动的产物，是有关人类对物质世界的认识和改造的知识，即所有与创造财富相关的知识财富，也就是人们创造劳动工具和其他财富的所有知识。这类财富是无形财富，如今它以书籍、光碟或其他媒质为载体得以传播，是人类智慧的结晶。

第六，组织财富。这类财富是基于如何处理好人与人的关系、人与物的关系的财富，是人类社会高度发展的产物。随着社会的发展，人与人、人与物的关系越来越密切，也越来越复杂，对人类的生存发展也越来越重要。如何处理好人与人的关系、人与物的关系，已经成了人类的当务之急，这类财富就是人类的组织财富。

③物质财富的特点。

第一，物质财富是有形的、具体的，是根本财富。

第二，物质财富经遗嘱可以自然传承，进行财产分割。

第三，物质财富是一个变量，可以因勤劳、继承、创新、创造等逐渐积累，也可以因为懒惰、丢失、自然灾害、消费等逐渐减少。

（2）人民群众创造了物质财富。

马克思认为，人民群众是指一切对社会历史起推动作用的人们，其主要的稳定的部分是劳动群众。人民群众是实践的主体，是历史的创造者。习近平同志指出："人民创造历史，劳动开创未来。劳动是推动人类社会进步的根本力量。"这充分体现了劳动人民至上的社会主义价值观，也深刻把握了劳动、劳动人民和历史发展之间的内在逻辑。

人民群众是社会生产力的体现者，是推动社会历史前进的最伟大的客观力量。人类社会的存在与发展，必须依赖于解决人类生存的物质资料的生产，有了衣食住行的物质生活资料，人类社会才能存在和发展。社会物质财富是劳动人民在生产实践中创造的。劳动人民在生产实践中不断积累生产经验，改进生产工具和生产技术，从而推动了生产力的发展、生产方式的变化及整个社会历史的进步。离开了劳动人民创造的物质财富，社会无法存在，人类无法生存，更谈不上发展。人类社会的历史，是生产发展的历史，也是物质资料生产者——人民群众创造的历史。

人民群众是社会物质财富的创造者，从根本上推动了社会的发展。

首先，人们为了生活就需要衣、食、住、行等生存资料，因此，人们必须从事创造物质财富的生产，这是人类社会存在和发展的基础。马克思指出："任何一个民族，如果停止劳动，不用说一年，就是几个星期，也要灭亡。"若没有物质资料的生产，就无从进行其他一切活动，也就无所谓人类社会生活和人类历史。以中国的基础建设为例，如白鹤滩水电站开始发电，创造了多项世界之最：当今世界在建规模最大、综合技术难度最高、单机发电能力最大等。再以桥梁为例，有统计数据显示：中国桥梁建设不断打破世界纪录，中国桥梁科技震撼世界。技术难度创世界纪录的桥梁，大部分由中国建造，远远超过世界其他国家，居世界第一。其中，北盘江大桥距谷底565米，是目前世界最高的大桥；港珠澳大桥跨越伶仃洋，是世界上最长跨海大桥；苏通长江大桥是世界跨度最大的公铁两用桥，等等。中国不仅有水电站、大桥、隧道，还有全世界最庞大的高速公路网，以及让世界惊叹的最全、最大的高铁网。我国的南水北调工程、南海岛礁建设，也让世界叹为观止。由此可见，人类社会赖以生存的物质生活资料，正是劳动人民通过自己的劳动创造的，其中人民群众是社会生产的主体，他们的劳动创造了物质财富，为人类生存和社会发展提供了物质基础。

中国高铁

其次，人民群众创造物质财富的生产劳动，不但是人类社会存在的基础，而且是社会发展的决定力量。任何社会的发展，都是以生产力的发展为基础的，而人民群众是社会生产力的体现者，是物质资料生产的直接承担者。生产力的发展，离不开人民群众。人民群众在生产劳动中不断积累经验，提高生产技能，改进生产工具，推动了生产的发展、生产方式的变化及整个社会由低级向高级的发展与进步。因此，以不同形式从事和促进生产活动的劳动人民，必然对社会发展起着决定性的作用。中国用几十年时间走完了西方发达国家几百年走过的工业化历程，建立了全世界最完整的现代工业体系，国内生产总值跃升至世界第二位，成为世界第一制造大国、第一贸易大国，同时在高温超导、纳米材料、生命科学、载人航天、探月工程、量子科学、深海探测、超级计算、北斗导航、大飞机制造、高铁等战略高技术领域取得重大原创性成果。从衣食住行到经济、科技发展，都离不开物质资料的支持，离不开人民群众的辛勤劳作。

最后，在社会物质财富的创造过程中，体力劳动者和脑力劳动者的作用都十分重要。一切物质财富归根到底都是体力劳动和脑力劳动的共同产物。比如，中国的万里长城、故宫、颐和园，埃及的金字塔，法国的埃菲尔铁塔；司马迁的《史记》，马克思与恩格斯的《资本论》等。再如中国古代四大发明——造纸术、指南针、火药、印刷术。不仅对中国古代的政治、经济、文化的发展产生了巨大的推动作用，经各种途径传至西方，还对世界文明发展史产生巨大的影响力。而随着社会的进步，中国的移动支付、高铁技术、网络购物、共享单车等新的发明，让人们的生活变得更加便捷，提升了人们的生活质量，也改变了人们的生活状态。随着知识经济时代的到来，在现代化大生产中科学技术被广泛应用，生产过程日益自动化，生产劳动日趋智力化，脑力劳动在创造物质成果中的作用也越来越突出。

2. 劳动创造精神财富

劳动不仅创造了物质财富，还创造了人类文明。人们在劳动中丰富了思想，收获了快乐，劳动是精神财富取之不尽、用之不竭的源泉。中华民族从站起来、富起来到强起来，每一步都不会轻易实现，每一步都浸透着亿万劳动群众的辛勤汗水和默默奉献。从革命战争年代的"边区工人一面旗帜"赵占魁、"兵工事业开拓者"吴运铎等，到社会主义革命和建设时期的"铁人"王进喜、"知识分子的杰出代表"蒋筑英、"宁肯一人脏、换来万人净"的时传祥等，再到改革开放和社会主义现代化建设新时期的"蓝领专家"孔祥瑞、"金牌工人"窦铁成、"新时期铁人"王启民、誉满全球的数学家陈景润、"杂交水稻之父"袁隆平、新时期技术型工人包起帆和许振超……一个个平凡却闪光的名字,一个个埋头苦干、忘我奉献的劳动者,用一砖一瓦建设起社会主义雄伟大厦。进入新时代以来,"桥吊状元"竺士杰、"金牌焊工"高凤林、"禁区勇士"胡洪炜、"当代愚公"黄大发等一大批先进模范人物,为祖国作贡献,与新时代齐奋进,激励着广大人民争做新时代的奋斗者,谱写了"中国梦,劳动美"的新篇章。可以说,当代中国取得的发展成就、中国人民今天拥有的幸福生活,都是广大劳动人民干出来的、拼出来的。他们不仅在岗位上创造了自己的人生价值,也通过劳动创造了鼓舞一代代中国人奋发有为的精神财富。不论是劳模精神、工匠精神,还是愚公移山精神、钉钉子精神,最终汇聚成民族精神和时代精神,转化为推动社会发展、实现人民群众对美好生活向往的奋斗动力。

(1)精神财富的概念、种类及特点。

①精神财富的概念。

精神财富总体来讲是指人们从事智力活动的成果,它包含了一切科学、技术、文化、艺术在内的无形的精神产品,是一个无形的东西,即除物质财富以外,那些能够改善生存质量,给人注入生命动力,提高幸福感的无形资产。精神财富作为财富的一个基本形式,绝不取决于现实的物质财富的丰富性,而是来源于人的现实性关系,是指人在社会历史活动当中形成的能够实现人的全面而自由发展,能够正确处理人与自然、人与社会、人与自我关系的无形的观念、思想、意识或者精神的集合体。精神财富不会随时间的推移贬值或遗失,而是一个人得以生存下去、得以不断进取的源泉。

②精神财富的种类。

第一,收益类。如知识、技能、勤奋、节俭等。适应需求的知识、技能,在任何社会环境下都有获得收益的机会。勤奋使人们更多地服务社会,节俭又使消费更加理性,有利于财富积累。一个人如果拥有知识、技能、勤奋、节俭这些精神财富,便有了幸福的基本保障。

第二,动力类。如梦想、理想、抱负、追求、进取精神等,它们是精神原动力,点滴的成功都会为整个生命注入活力,品尝创业的艰辛,享受成功的乐趣。

第三,智慧类。如阅历、经历、获取信息、认知等。智慧来自阅历、经历、信息收集，智慧能让你对事物有一个全面清晰的认识，有知对错、辨是非的能力，能让自己的认知更接近客观实际。

第四，人缘类。如赞美、点赞、微笑、付出、尊重等。幸福的生活离不开良好的人际关系，赞美、点赞是无成本的投资，也是对他人的鼓励，微笑使人愉悦，助人为乐，不占便宜，尊重他人，减少了分歧、增进了友谊、得到了尊重，获得了心情的愉悦。

第五，亲情类。如任劳任怨、孝顺拼搏、理解、认可、鼓励等。任劳任怨的父母是子女的坚强后盾，遇到困难慷慨相助。孝顺拼搏的子女是父母的精神支柱，再苦再累都会化作生命的动力。理解、认可、鼓励的话语，是快乐之源，是幸福之源，也是人们奋斗的动力。

第六，心态类。如知足、包容、阳光的心态等。知足者常乐，包容他人，才能看到他人的长处，世间的美好只有阳光的心态才能欣赏，阴暗的心态会使好的风景暗淡。

第七，交流类。如不离不弃的伴侣，有共同话语的朋友等。不离不弃的配偶，志同道合的朋友，让我们感到满足，有苦有处诉，有难共分担。

第八，挫折类。如坎坷的经历、磨难等。磨难使人坚毅，使人具备战胜困难的勇气，使人醒悟，使人懂得健康的重要、亲情的美丽、自由的美好。

③精神财富的特点。

第一，与物质财富相比，精神财富的最大特点是无形，它是一种看不见的存在。一个人所拥有的精神财富的多寡，别人只能感知。

第二，它并不一定随着个人物质财富的增加而增加。物质财富富有的人，精神财富不一定富有，相反，物质财富贫穷的人，精神财富不一定贫穷。

第三，不能像物质财富那样经遗嘱自然传承。

第四，它是一个变量，可以像物质财富那样逐渐积累。今天你拥有的精神财富不多，没关系，随着阅历、经验教训的积累，你的精神财富会逐渐增多。人的成熟过程也是人的精神财富不断增加的过程。

物质财富是外在的，所谓的拥有就是使用权或保管权，而内在的精神财富才是我们真正可以依赖的无价之宝。

（2）人民群众创造了精神财富。

第一，人民群众创造物质财富的社会实践活动为社会精神财富的创造提供了坚实的基础和前提。人类首先必须解决衣食住行才能从事政治、科学、宗教、艺术、哲学等活动。没有物质资料的生产活动，就没有社会生活其他方面的产生和发展。生产的历史先于自然科学、社会科学以及文学艺术等的历史。人类从事的一切社会活动，都是以物质资料的生产为前提的。正如我国古人所说："食必常饱，然后求美；衣必常暖，然后求丽；居必常安，然后求乐。"劳动人民的社会实践是精神财富创造的源泉。从社会意识的产生和发展过程可见，社会意识是社会存在的反映，是科学家、艺术家、思想家、经济学家等把人民群众在社会实践中的经验予以总结，把人民群众中分散的、不完全的、不系统的知识予以概括的结果。我国古代的《本草纲目》《齐民要术》《天工开物》等是劳动人民的生产和生活经验的概括和总结，记载了我国古代劳动人民在医学、农业和手工业等方面的科技成就；《诗经》是民间口头文学加工创造而来的；清代中期的著名小说《聊斋志异》的作者蒲松龄的写作过程，就是不断从群众中采集素材的"凡所见闻，辄为笔记"的过程；陕北民歌信天游是陕北人民在山峁、沟壑、耕地、放牧、捡柴时即兴而编的，它是随天漫游、抒发感情、表达心声的一种方式。从社会精神财富产生的根源来看，离开了劳动人民的社会实践，就没有精神财富的产生和发展。

第二，人民群众直接参与了精神财富的创造活动。在历史上，人民群众不仅为精神文化的产生提供了动力源泉和物质基础，而且直接参与了丰富多彩的精神文化的创造，涌现出许多杰出的科学家、艺术家。我国的万里长城、兵马俑、敦煌壁画、故宫等都是古代劳动人民智慧的结晶。我国北宋时期发明活字印刷术的毕昇是雕版工，元代纺织技术的革新家黄道婆是农村妇女。英国蒸汽机的发明者瓦特是造船工人的儿子，还有爱迪生、富兰克林、狄慈根等都是劳动人民出身。至于民间流传的音乐、舞蹈，那更是人民群众的直接创造，如"盲人阿炳"这样的民间音乐家和"泥人张"这样的民间艺术家等。如果没有人民群众的社会实践，就不可能创造出丰富多彩的社会精神财富。因此，人民群众是社会精神财富的创造者。在当代，人民群众直接创造了精神财富，比如在中国科技领域，天宫遨游、蛟龙探海、天眼探空、墨子传信、月球取壤、火星漫步、大飞机等。中国科技厚积薄发，正在绽放出新的奇迹。

可见，人民群众是社会精神财富的创造者，从而推动了社会的全面进步。

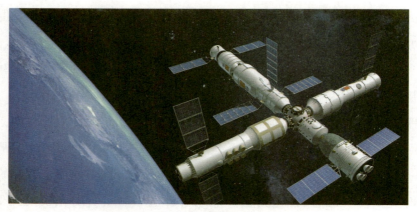

"天宫"空间站

　　人民创造历史，劳动开创未来。人世间的美好梦想，只有通过诚实劳动才能实现；发展中的各种难题，只有通过诚实劳动才能破解；生命里的一切辉煌，只有通过诚实劳动才能铸就。实现中华民族伟大复兴的中国梦，从根本上要靠全体人民的劳动、创造及奉献。今天，中华民族正以不可阻挡的步伐迈向伟大复兴！当然，越是接近民族复兴越不会一帆风顺，越充满风险挑战乃至惊涛骇浪，越需要全体中华儿女众志成城、万众一心，为了共同的目标而不懈奋斗。用劳动托举梦想，以实干笃定前行，靠奋斗开创未来，就一定能在新的伟大征程上创造新的时代辉煌，铸就新的历史伟业。

专题四：水利、建筑工程

专题四：四大发明

专题四 灿烂的劳动成果

一、大运河在今天依旧充满生机与活力

大家知道，在我们的国土上，有一个"人"字，这个"人"字一撇就是长城，一捺就是大运河。从春秋战国时期开始，吴王夫差的第一锹土，从扬州的邗沟开始，沟通了江淮、长江和黄河，后来经过一代又一代人的努力，成功开凿了这条举世闻名的京杭大运河。隋炀帝开凿大运河的目的，就是为了解决把粮食运到东都洛阳的问题。所以，他下决心开通了洛阳到扬州、洛阳到北京的运河。漕运通了，我们的血脉通了，这条河连接了海河、黄河、淮河、长江、钱塘江五大流域。它把中国的最主要的水系连起来了。

中国是农耕社会，运输靠什么？牛车、马车，翻山越岭，而大件的物体是无法运输的，给经济发展带来非常大的阻力，大运河开凿之前，百分之五十五的时间段，中国是分裂的。大运河建好以后，百分之八十五的时间段，中国都是统一的。所以，开凿大运河是非常了不起的一件事，为中华民族的统一作出了重大的贡献。所以，我们重视大运河、珍惜大运河、爱护大运河，就是爱护我们中华民族的生存。

大运河是民族的血脉，也是民族的文脉。中华民族到现在，一代代人在运河边上生存，在运河流域生存的人差不多有三亿，尤其是生活在大运河边上的人，深深会体会到这一点。在运河边上的老百姓，每天早上会在运河边上等待过来的船。这些船上的粮食、蔬菜瓜果、鱼鲜，老百姓会直接交易，就在运河边上的小码头，叫河埠头，船停在那里。在沿运河边上的一些城市，尤其是东南沿海最繁华的城市，就是靠这样的商业流通发展起来的，运河兴则民族兴。所以，运河的商业带来了运河流域的繁华，带来了我们中华民族，尤其是东南沿海这一带居民幸福的生活，富裕的生活。

北京城、故宫，也可以说是从大运河"漂"来的，为什么呢？故宫的金砖是从苏州运过来的，故宫建设的木料是从中国的西部经过长江，再运到扬州北面，再从大运河运到北京，因为这样运输是最经济的一种运输方式，不光是建筑材料，很多的文化，非物质文化如戏曲，尤其工艺美术的技艺、传承、流传，大都通过大运河。所以，大运河不光是一条河，它就像毛细血管一样，输送着它的力量，输送着它的价值。

二、民间音乐艺术的突围

传统音乐与现代音乐相结合实现市场突围

现代乐坛十分盛行传统与现代相结合的表演形式。以杭盖乐队为例，作品中大量融入蒙古族音乐，尤其是马头琴与三弦得到了十分广泛的运用。他们精心挑选蒙古族最具民族特色的旋律，并且在旋律中融入歌手自己的情感，通过独特的方式进行演绎。杭盖乐队所创作的作品不仅充分体现了时代新意，同时也最大程度上保留了传统风俗。如他们尝试在摇滚乐中融入古筝，使作品的风格更加多元化，不仅丰富了听众的情绪，同时也使大众视听感觉进一步得到扩展，从而将优雅的古典音乐恰到好处地与无拘无束的现代摇滚相结合，就像是翻过万水千山去拥抱最纯真的年代；再如日本作曲家久石让，就十分擅长运用传统技法创作现代流行音乐作品，在交响音乐会中往往透露出一丝流行歌曲的风格。对于上述情况，我们也需要反思，在《给你一点颜色》成功登台之前，又有多少人曾经欣赏过老腔？并发自内心地喜爱老腔？

民间音乐的"现代化"不是破坏民间艺术而是传承

许多影视作品都加入了华阴老腔，比如话剧作品《白鹿原》，甚至还登上了2007年戏曲春节晚会的舞台。尽管如此，很多人仍然并不熟悉老腔这一艺术形式，甚至根本没有听说过。之所以如此，最主要的原因在于老腔的演唱方式过于陈旧，创新性不足，不符合现代大众的审美观念，导致生态老腔让观众觉得陈旧而陌生。但是，当老腔以选秀节目的方式重新进入大众视线，并进行时尚的包装，则让观众对老腔有了新的认知，关注程度也在不断提高，从而极大地促进了老腔的传播，也使老腔这一非物质文化遗产得到了更多的关注。

社会经济发展促进文化发展加速，音乐节目的形式也越来越多，尤其是音乐选秀节，可以说已经成为群众喜闻乐见的娱乐形式，许多音乐节目已经意识到传统戏曲艺术独特的价值，并开始向其发出邀请，老腔艺人从而有机会和其他音乐人共同登台表演。相当一部分中青年十分喜爱老腔和摇滚的混搭作品，因为这一艺术样式能够给观众带来不同的视听感受。但这种混搭作品也同样存在一个问题，即传统和现代之间的相互碰撞，在新的时代背景下，传统戏曲已经得到越来越多人的关注与喜爱，这样的现象值得欣慰，同时也值得我们认真去思索。作为新时代的观众如何看待老腔，如何评判老腔？现代歌手在作品中引入老腔是否会影响老腔原本的风味？作为混搭作品，是否能够呈现老腔本来的味道？从某种程度上讲，由于混搭作品自身具有鲜明的娱乐性特征，其创作及演出很大程度上都出于迎合观众的需求，因此，很难完全保有华阴老腔自身的精气神，如果纯粹跟随潮流显然也不符合老腔发展的趋势。从另一个角度来讲，如果混搭作品能够使老腔和摇滚保持协调，既能保留老腔原本的味道，也不会让老腔走向衰落，同时还能继承和发扬老腔，在原来的基础上进行创新，那么混搭形式就具备了相应的价值。

专题五　劳动与幸福人生

人生的意义在于追求幸福，而获得幸福需要通过劳动来实现。劳动是人类的本质属性，是人类生存和发展的基础。只有通过劳动，才能创造出物质财富和精神财富，才能实现自我价值和社会价值，才能获得真正的幸福。

随着时代变迁，受消极片面劳动观念的影响，再加上投机主义、享乐主义、拜金主义等错误思潮的冲击，有的同学崇尚享乐安逸、渴望一夜暴富；有的以自我为中心、不善协作；有的劳动观念淡漠、劳动能力欠缺；有的消费超前、大手大脚、攀比享乐；有的就业后追求不切实际的薪酬待遇，随意毁约、频繁跳槽；有的形成了鄙视体力劳动者、随意浪费的错误观念。

毛泽东为了培养毛岸英从小爱劳动的好习惯是这样做的。1937年，毛泽东带着毛岸英在延安凤凰山某地居住，当时毛岸英只有十四五岁。在毛泽东住的院外有个小厕所，这里以前一直由警卫班的同志打扫，可是一连很多天厕所总是在战士们去之前就被打扫干净了，战士们心中很是纳闷儿。一个大雪过后的清晨，战士们很早就起来扫雪，当警卫班长准备去扫厕所附近的积雪时，发现厕所外的积雪早被打扫完了。"是谁打扫的呢？"大家估摸着，一时却猜不出来。忽然，班长听见厕所里有人说话："你从炉灶里掏些灰，用筐子挑来，往厕所里撒一撒。"多么熟悉的声音啊，班长立刻就听出了这是毛泽东和小岸英的对话。原来，毛泽东为了培养毛岸英从小爱劳动的好习惯，特意和他一起来打扫厕所。

（1）本案例引发了你怎样的思考？
（2）你认为劳动有贵贱之分吗？
（3）你如何理解劳动与幸福人生的关系？

专题五　劳动与幸福人生

表 5-1 为"调研身边的劳动模范"实践任务。

表 5-1　调研身边的劳动模范

项目	内容	备注
调研主题	身边的劳动模范的调研	
调研目标	1. 采集数据。通过走访、电子材料查阅、访谈等方式采集身边的劳动模范的数据。 2. 宣传"爱岗敬业、争创一流、艰苦奋斗、勇于创新、淡泊名利、甘于奉献"的劳动模范的精神。 3. 搜集劳动创造幸福人生的典型案例	
适用对象	全院学生	
组织者	劳动课教师、劳动小组组长	
调研时长	一个月	
调研准备	1. 利用线上、线下（如海报等）方式进行宣传，广泛动员在校学生，充分调动学生参与活动的主动性与积极性。 2. 学生以地域为单位自由组队并选出组长，小组人数以 6~12 人为宜。 3. 统计参与人数，选出工作人员，划分每个小组负责的区域	
调研过程	1. 利用周末或者节假日进行实地踏勘、访谈，要有调研照片、调研视频等支撑材料。 2. 至少召开一次调研交流会，梳理调研情况，形成调研情况清单。 3. 根据调研结果梳理劳动创造幸福的典型案例，并进行 PPT 展示	
调研要求	1. 要以问题为导向，明确访谈目的和实效。 2. 访谈内容记录要详实，最好用录音笔录音。 3. 电子资料等二手资料要确保真实、信息有公信力，要注明出处	

表 5-2 为"调研身边的劳动模范"实践任务评价。

表 5-2　调研身边的劳动模范实践任务评价

评价标准	评价等级
小组有切实可行的活动计划，记录活动过程详实完整，典型案例总结详实，有典型代表性	A
小组有切实可行的活动计划，记录活动过程相对详实完整，典型案例总结相对详实，有代表性	B
小组有活动计划，记录活动过程不完整，典型案例总结不详实，较有代表性	C
小组无活动计划，记录活动过程不详细，典型案例总结不详实，无代表性	D

一、幸福人生

"幸福都是奋斗出来的""功崇惟志，业广惟勤。"在新时代开启新征程，实现新目标时，习近平总书记向全体劳动者发出了奋斗的召唤，"幸福不会从天而降""世界上没有坐享其成的好事，要幸福就要奋斗"。实现个人的幸福需要奋斗，对于个人和家庭而言，幸福的生活不可能从天而降，幸福人生离不开日复一日勤奋的劳动，离不开聚精会神、孜孜不倦、精益求精的持续投入，这些本身就是磨炼人格的修行。磨炼我们的性格，锤炼我们的心志，通过这种方式提升心志，我们将迎来幸福的人生。

（一）幸福人生概述

幸福的人生是奋斗出来的。在人的一生中，个人的梦想设立得越早，开始奋斗得越早，就越容易实现自己的梦想，实现自己的幸福人生。无数人生成功的事实已证明，"幸福都是奋斗出来的"。众所周知，周恩来总理在少年时代，就立下为"中华之崛起而读书"的宏伟志向，并努力持续增强自身的文化修养，为国家和民族的振兴不懈奋斗，最终他实现了个人的梦想，也受到广大人民的爱戴。周恩来总理在青年时期选择了奋斗、选择了奉献、选择了高尚。只有进行了激情奋斗的青春、只有进行了不懈努力的青春、只有为人民无私奉献的青春，才会留下充实、无悔、温暖的青春回忆，只有奋斗的人生才是幸福的人生。习近平总书记强调："中华民族伟大复兴，绝不是轻轻松松，敲锣打鼓就能实现的。全党必须准备付出更为艰巨，更为艰苦的努力。"人民创造未来，劳动开创未来。要想拥有幸福的人生，从根本上讲要靠我们的辛勤劳动、诚实劳动和创造性劳动来实现。

社会主义核心价值观是我们的宝贵财富和强大的精神力量。"坚持中国道路、弘扬中国精神、凝聚中国力量"，生动诠释了崇尚劳动的浓厚氛围，汇聚了"劳动托起中国梦"的强大正能量。党的十九大报告指出，要"弘扬劳模精神和工匠精神，营造劳动光荣的社会风尚和精益求精的敬业风气"，这凸显了劳动精神及能力的重要性。我们要用劳模精神、劳动精神、工匠精神，以及社会主义核心价值观来修正自己的劳动观，形成正向的思维模式和劳动观。

（二）幸福人生的基础要素

幸福是建立在人的意愿与现实两者一致基础上的心理满足或自觉，是基于满意度的认知。痛苦的根源大多来源于个人的意愿高于行为和结果，自己的能力又无法实现自己的欲望，是一种心理落差反映。行为与意愿的契合度决定着人的快乐幸福的程度，快乐和幸福的区别在于，快乐往往是短暂的，幸福是能传承的。例如，游戏、八卦等娱乐产品，能使人快速获得短期满足，产生短时快乐，现代科学证明，这种快乐容易使人上瘾，还会严重损害大脑。若想实现个人一生的幸福，需要人们一时的意愿和行为服从一生的意愿和行为。托尔斯泰说："幸福的家庭都是相似的，不幸的家庭各有各的不幸。"套用托尔斯泰的话，幸福的人生都是相似的，不幸的人生各有各的不幸。无数的事实表明，人生既是一个被动接收环境塑造的过程，也是一个主动选择环境并自我发展的过程。在这个过程中，积极构建自己的幸福系统，避免酿成"初闻不知曲中意，再听已是曲中人"的被动人生！

人生在世，其行为和思维有时被限定在一定"围墙"之内。因此，突破"围墙"获得自由和幸福，是每个人一生永恒不变的欲望和追求，也是开发个体潜能的根本动力。幸福是什么？是自由，是因自由而获得的心理上的满足。在生命历程中，假如你的身体、知识、职业、经济、人际等方面均不如其他人，就说明你的生活被限定在了比别人更小的"围墙"之内，此时你又有什么自由可谈呢，你的心理又有什么可满足的呢！因此，也就没有什么幸福可言了！所谓"围墙"就是指在现实生活中，人的思维、情感和行为被限定的活动区域。突破"围墙"的工具就是劳动，通过劳动突破疾病的"围墙"，培养"劳动一生"的态度，养成良好的劳动习惯，健康就属于你；通过劳动突破懒惰的"围墙"，培养"劳动光荣，不劳而获可耻"的态度，担负人生责任，用劳动创造幸福的人生；通过劳动突破自私的"围墙"，助人为乐才能建立和谐人际关系，收获幸福，给予永远比索取快乐，得到爱更多的人，往往是给予爱更多的人；突破愚昧的"围墙"，运用知识和技术可以创造财富，也可以让自己的作品惊艳这个世界；突破贫穷的"围墙"，以技术为工具，以劳动为载体，为经济的发展作出自己的贡献，造福于民，造福于社会；突破恐惧的"围墙"，缺乏自信就会恐惧，比别人付出更多的劳动，就会提升自己的能力，能力提升了自信也会随之而来。

人常常被疾病、懒惰、自私、愚昧、贫穷及恐惧等"围墙"所困，若想获得幸福的人生，就需要突破这些"围墙"，获得相对自由幸福的生命空间，这就需要"奋斗"，需要艰苦卓绝的劳动付出，需要构建自己的幸福系统。

幸福系统能够帮助我们突破人生"围墙"，在攻破"围墙"的过程中，磨炼我们的心志，提升我们的综合素质，不断完善我们的品格，也使我们的人生日臻幸福美满。幸福系统能让我们保持更好的精神状态和心理状态，塑造个人的幸福人生，尽可能避免遗憾人生和悲惨人生。幸福系统的要素由环境要素和个人要素两部分构成，社会环境的平安和谐是人生幸福的基础条件，它要求这个社会要杜绝战争、恐怖袭击和混乱等，同时人民还要能和谐相处。例如，在积贫积弱、饱受欺凌的旧中国，人民的生存都是问题，又何谈幸福！同样，对现在仍处在战火中的某些国家，人们又有什么幸福可言？再如，生活在贪污腐化成风，民间欺诈横行，贫富差距巨大的社会，人民的幸福感又有多高呢？因此，社会的平安和谐是人们幸福的基础。当然，维护社会的和谐与安定也是每个公民的责任。同时，一个和谐的社会要求人们要充满正能量，即要拥有为社会服务的价值观念和行为，而不是一切向钱看。再者，家庭是我们生存的小环境，它的平安与和谐，正是由我们自己创造的，是我们每个人修为和人生幸福的重要基础。排除不以我们意志为转移的社会环境外，从我们的个人修为出发，努力去创造幸福才是人生最重要的。

造就幸福的因素很多，不同的人会因不同的因素而幸福，不过有些因素确实对任何人的幸福都是不可或缺的，它是构成幸福人生的基础，失去了其中任何一个因素，就会造成人生的不幸。找出这些因素，然后通过努力拼搏，去创造和拥有这些因素对确保人生的幸福至关重要，同时还要避免在人生路上因被假象幸福所迷惑而造成的人生悲剧。那么，哪些才是构成幸福的基础要素呢？经过观察、广泛交流及归纳总结发现，有五大基础要素是构成人生幸福的基础要素。

1. 身体健康

人人都知道，有了健康并不等于有了一切，但是如果没有了健康却等于一切都没有了。有了健康，我们可以去承受更多的责任；有了健康，我们可以去创造更多的财富；有了健康，我们可以去实践更大的人生价值；有了健康，我们可以去享受更美好的人生。如果没有了健康，这一切将成为泡影。曾有人简单地用这样一个数字"100000"来比喻人的一生，即这里的"1"代表健康，而"1"后面的"0"代表生命中的事业、金钱、地位、权利、房子、车、家庭、爱情、孩子等。如果一个人拥有了这个数字，是不是表明这个人已经非常成功呢？毫不含糊地说，这个人在生活中拥有了很多的财富，但是假如有一天丢了后面的一个"0"或两个"0"，对这个人是有影响的，但不会太大，可假如没有了健康这个"1"，后面的"0"再多，对这个人还有什么意义呢？所以说，失去了健康就失去了一切！因此，有人说健康就是一个空心的玻璃球，掉下去以后就

碎了，而我们的工作却像是一个橡皮球，掉下去后还可以再弹起来。同样，权力也是暂时的，财富则是后人的，而唯有健康才是自己的，是第一位的！

世界上没有人怀疑健康的重要性，然而摧残健康的因素却常常与我们相伴，时刻损害着我们的健康。看看自己身边的人，有多少人患高血压、高血糖、高血脂、心脏病、脑梗塞等疾病，而且还出现了患病年轻化的趋势，给家人带来巨大的经济负担和精神上的痛苦，同时也会给国家和社会带来损失，所以身体健康十分重要。针对当前疾病年轻化这种现象，人们的普遍认知是，这是生活水平提高后所带来的一种"富贵病"。其实，这是贪图享受、懒惰及生活不规律等因素所致。以人为镜可以明得失，让我们以那些已经失去健康的人为鉴，时时警示自己，一定要活得健康，活出美丽的人生。

2. 人生平安

"平安二字值千金"，平安既包括个人的平安，也包括家庭、国家及社会的平安；既包括身体的平安，也包括荣誉、法律及财产等的平安。

身体平安就是我们要具有在客观因素条件下，能够健康成长的能力，只有这样，我们才不会给家人、国家及社会增添负担，才能拥有幸福生活。荣誉既是重要的生存资源，又是重要的心理需求满足，因此也是幸福的一个重要因素。如果一个人的

荣誉受到了损害，就等于失去了良好的人际关系，也就失去了成就事业的基础，所以他的幸福感就会大打折扣。再者，在法律平等方面若一个人不走正道，就会危害他人，同时也危及自己、家人、国家及社会，最后会身陷囹圄，不仅会受到良心的谴责，还会留下终身的遗憾。

　　一个和谐向上的家庭关系，无论是对子女的成长还是对家庭的平安和谐都是至关重要的。同时孩子的健康成长，也是人生平安的重要组成部分。试想在一个家庭中，若孩子不能成长为一个财富的创造者，而是成长为一个违法乱纪者，那么当父母的以及整个家庭还会有什么幸福感可言？在孩子成长过程中，家教是孩子人格养成的最重要因素，是学校教育和社会教育所无法比拟的，在孝敬父母和尊敬师长方面，父母的言传身教非常重要，可以说良好的家庭氛围胜过最好的学校，孝敬父母、尊敬师长是一个社会成员的基本修养，也将会给家庭和社会带来正能量。所以我们一定要为孩子的健康成长创造必要的环境和条件，特别是要不断地进行自我教育，注重修为，为孩子树立一个好的榜样。切不可把家庭教育的责任推给学校和社会。另外，在日常生活中，我们还要力争避免因人为失误所造成的财产损失，水火无情麻痹大意不得。

　　因此，为了人生的幸福，我们一定要努力避免一切不平安因素的发生，达到身体、荣誉、家庭、国家、社会、法律，以及财产的平安，只有这样，才能为人生幸福奠定基础。这一切都需要我们自己去努力、去创造、去实践，不是靠上天或者他人恩赐。

3. 家庭和睦

　　家是一个人生老病死的地方，人生的绝大部分时间都是在家庭中度过的，所以家庭的苦与乐和个人的生命状态密切相关。生活在和睦的家庭里每个家庭成员都会感到幸福，都会是受益者。有调查显示，一个和谐的家庭，对一个人的心理性格和处事方法等都有很重要的影响，其承受能力会比不和谐家庭的高而且更自信，遇到困难更容易克服，因此也就更容易成功和满足；反之，一个不和睦的家庭，即一个矛盾重重的家庭，其内耗就会让人难以招架、疲惫不堪，哪还能形成合力去干事业。所以，这样的家庭也常常是一个不和睦的家庭，这样的家庭想家和事兴，就是奢望！

　　歌曲《家和万事兴》中唱得好："家和万事兴，妻贤夫兴旺，母慈儿孝敬，众人拾柴火焰高，十指抱拳力千斤。"一句俗话，说出了最简单的道理，也向我们讲述了兴家的真谛，那就是一个和睦的家庭，就是我们的温馨港湾，也是我们的坚强后盾，更是我们的力量所在。当我们拥有一个和睦的家庭时，就能感知生活的阳光。此时，即使我们走进浓荫遮蔽的森林，也会透过树叶的间隙汲取到阳光与雨露；即使走入春寒料峭的季节，也能感知春的音韵，感知家庭那份温暖与幸福；即使处在生活的困境中，也能感知家庭的力量。所以，一个和谐的家庭就是一个拥有向心力的家庭，也是一个有合力的家庭，更是一个内耗较小的家庭。因此，和睦的家庭就是一个更易于战胜各种困难和不幸的家庭，在这样一个家庭中生活，可以说做任何事情都会离成功更近一步。

和谐的家庭关系也是健康长寿的重要因素。有调查发现，长寿的首要秘诀是家庭和睦。据说在格鲁吉亚有位农妇活了132岁零91天，在她130岁时，有记者问她长寿的秘诀，她回答：首先是家庭和睦……再如，有两位心理学教授经过20年的研究发现，在影响寿命的决定性因素中，排名第一位的是"人际关系"，他们认为，人际关系可能比水果蔬菜、经常锻炼及定期体检更加重要。某大学医学院一项对268名男性的跟踪调查也发现，在一个人的生活中真正重要的就是和别人的关系，缺乏了社会的支持，对其健康的危害如同吸烟和不运动。还有，一位精神病学家在一项长达25年的"人格与心脏关系"的跟踪调查中发现，心胸狭隘、名利心重、敌视情绪强的人，其死亡率高达40%；而心胸开阔、助人为乐、性格随和的人，其死亡率为百分之2.5%。对于心脏病的发病率，前者也是后者的五倍。分析其原因，这位精神病学家认为，人际关系不好会令人的心里充满愤怒、怨恨、敌对和不满情绪，这会导致交感神经经常处于亢奋状态，肾上腺素等压力激素也会分泌得过多。在心理学家马斯洛总结的人的需求中，从低级到高级依次为生理需求、安全需求、归属和爱的需求、尊重需求及自我实现五类，除生理需求外，其他四类均和人际关系有关。只要人的"需求"获得了满足，就会收获快乐和健康。而且，人是群居动物，只能活在人际关系之中。

和谐的家庭关系也是和谐人际关系的基础，它是家庭成员事业兴旺的保障。家是社会的细胞，是社会的最基本单元，所以家庭和谐的人在社会中的人际关系也会是和谐的。事业是人干的，特别是干大事业，更需要有很多人一起努力才能干成，所谓团结一大群人干事业，团结一小群人干小事，匹夫之勇是成就不了事业的。中国共产党团结全国人民，推翻了"三座大山"，建立了新中国；新中国的"两弹一星"工程、高铁项目、北斗导航系统、互联网系统，等等，都是由一个巨大的团队来完成的。

因此，和谐的人际关系是成就事业的基础，也是人生幸福的重要因素。

可见，家和才能万事兴！在人生的历程中，家既是我们的归处，也是我们的未来，更是我们避风的港湾。所以，我们不能忽略家庭建设。

4. 事业有成

幸福离不开宽裕的经济条件，而宽裕的经济条件又是通过事业有成来实现的。由于宽裕的经济条件不仅可以支撑我们的衣、食、住、行等基本的生活需求，也能让我们的家人和其他我们所爱的人过上更好的生活。如让我们的老人享有更好的医疗条件，让我们孩子获得更好的教育资源，还能为我们实现梦想提供有力的支撑。

宽裕的经济条件，还能让我们拥有更多可以自由支配的时间，这是我们享有幸福人生所必需的闲暇。因为闲暇既能让我们停下匆匆行走的脚步，使我们有机会静下来去品味人生，也能让我们在短暂的人生中享受这个美丽斑斓的世界，所以闲暇是人们生活中一个很重要的幸福指标。譬如你很喜欢写作，但是如果你天天埋头在那里写，根本没有时间和自己的家人在一起相处，那就没有时间去感知生活，那么你的人际关系和对美丽世界的享受都会缺失，你的作品又会给别人带来什么呢？而且，当你回过头的时候，就会发现原来这是一段低质量的生命历程。所以，我们应该为自己的生命留下一定的空间，去享受人生的快乐。

另外，值得注意的是，过度的物质追求带不来真正的幸福，一个过度追求物质财富的年代也是悲哀的年代。过度追求物质财富会让人放弃亲情、放弃尊严、放弃良心，可能会毁灭家庭、泯灭道德、毁伤自己，所以当人人都成为物质或金钱的奴隶时，我们所追求的幸福必然会荡然无存。

5. 知足常乐

有个小故事叫"可怕的黄金"：一个僧人惊慌失措地从树林中跑出来，刚好碰到两个非常要好的朋友。他们问僧人："你为什么这样慌张？"僧人说："太可怕了，我在树林中挖出了一堆黄金！"两个人忍不住想，"这真是个大傻瓜！挖出了黄金，这么好的事，他居然说太可怕了，真让人想不明白！"于是他们又问那个僧人："在哪里挖出来的？请告诉我们吧。"

僧人说："这么厉害的东西，你们不怕吗？他会吃人的！"那两个人不以为然地说："我们不怕，你就告诉我们在什么地方能够找到它们吧。"僧人说："就在树林最西边的那棵树下面。"二人听后立即去找那个地方，果然发现了那些金子。

二人喜出望外，且一个人对另一人说："那个僧人真是太愚蠢了，人人都渴望的黄金在他眼里居然成了吃人的东西。"另一个也点头称是。

于是，这对好朋友开始讨论怎么把这些黄金拿出去。其中一个人说："白天把它们拿回去不安全，还是晚上拿回去好一些。我留在这里看着，你去拿一些饭菜来，我们就在这里吃饭，然后等天黑了再把黄金拿回去。"另一个人点头应允，就照他说的去拿饭菜去了。而留下的那个人转念一想，"要是这些黄金都归我，那该多好呀！何不等他一回来，我就用木棒把他打死，这样的话，这些黄金就全是我的了。"

回去拿饭菜的那个人也开始动心思："我回去先吃饭，然后在给他的饭里下毒药，他死了，黄金就全是我的了。"这对昔日的好朋友各怀鬼胎，结果当取饭菜的人回到树林里时，乘他不备，他昔日的好朋友就从背后狠狠地用木棒把他打死了，然后还大言不惭地说道："哎，亲爱的朋友，是黄金逼我这么做的。"接着他拿起那个人送来的饭菜，大口地吃了起来。没过多久，他感觉很难受，肚子里像火烧一样，此时他才知道自己中毒了。临死的时候，他说："僧人说的太对了！"这真是应了古人那句话："人为财死，鸟为食亡！"都是贪念惹的祸，所以欲望可以把最亲密的朋友变成死敌！

其实，欲望是生命的本能，也是生命的活力之源，所以人生需要拥有欲望，否则人生就是一潭死水，社会也会失去发展的动力。然而欲望是需要有节制的，因为不加节制的欲望就成了所谓"欲壑难填"和"欲火中烧"，就会将人生和人性吞噬，轻则会伤害身体和拖累家庭，重则会危害社会，结果必然会造成个人、家庭及社会的不幸，所以无节制的欲望是无法给自己和他人带来幸福的。然而，拥有欲望是人的本能，而节制自己的欲望则是人生的智慧。常言说，知足常乐，即知足了就能减少因得不到而造成的烦恼，就容易快乐和幸福，所以知足是人生幸福的催化剂。不过，一个人由不知足到知足的转变不是一件容易的事，是需要下一番功夫的。因为这是一个心智提升的过程，没有一定的人生修为是达不到这个层次的，不然知足就只能停留在说说罢了！

知足常乐看起来是停留在精神层面的快乐，是一种逍遥自在，而实际上，这其中却蕴含了一个关键字，那就是"足"，也就是说我们的生活条件达不到"足"，难以"知足"，就不会有"知足常乐"了，所以"足"才是关键。其实，由于人是欲望性动物，欲壑难填也是不足为奇的，所以"足"也是很难定义的。而我们智慧的先哲给"足"进行了定论，那就是"比上不足，比下有余"。按照这个标准，既能让我们的生活有保障，又会让我们不失自尊，为普通老百姓指明了一条通往幸福的途径。但是，这个"足"也不是天上掉下来的，而是通过切实的努力去创造的。

在现实生活中，要实现知足常乐一般需要具备三个条件：一是生活无忧，二是对比不卑，三是豁达超脱。生活无忧是人们生存的基本条件，除了有坚定信仰的人外，没有哪个正常的人会在生存都保证不了的情况下还能知足常乐！所以，达到生活无忧的状态是人们实现知足常乐的基础条件。而所谓对比不卑，则是指在和他人的生存状态相对比时，能达到老百姓所说的"比上不足，比下有余"的状态，或者和自己以往的生存状态相对比也没有出现大的滑坡，这是普通百姓能够实现知足常乐的又一基础条件。在此基础上，我们再进一步提升自己的心智，特别是要懂得得与失的辩证关系，进而为拥有平衡的心态即产生知足感奠定心理基础。所以，知足常乐既是一个劳动创造的过程，也是一个心智提升的过程，更是对人生的认知发生质变的过程。

二、劳动创造幸福人生

美好生活是人类追求的永恒主题，实现人民对美好生活的向往，是习近平新时代中国特色社会主义思想的重要内容。劳动可以托起我们的幸福人生。按照历史唯物主义的观点，人是社会关系中的劳动者，具有意识能动性、人格自主性、创造自觉性及价值主体自由性等特质。当我们树立劳动最光荣、劳动最崇高、劳动最伟大、劳动最美丽的观念时，就会焕发劳动热情、释放创造潜能，从而实现通过劳动创造更加美好的生活。按照"人生＝思维方式×劳动×能力"的公式可知，就会有更强的获得感、幸福感和价值感。首先来看公式中的思维方式，思维方式有正面的和负面的：正面思维方式取正值，负面思维方式取负值，不难得出，只有正面思维方式，才可能

劳动永远是人类生活的基础
是创造人类文化幸福的基础

有幸福的人生；其次来看劳动，劳动包括辛勤劳动、诚实劳动和创造性劳动，辛勤劳动取值从 0 到 100，诚实劳动取值从 0 到 100，不诚实劳动取值从 –100 到 0，创新性劳动包括创新的程度，从因循守旧到创新取值范围从 0 到 100，由此，就会出现有的人看起来很辛苦，抱怨不断，做起事来很苦，这类人不可能有幸福的人生，而那些投机取巧，不诚实劳动的人更不会有幸福的人生，小则受到道德的谴责，大则触犯法律，受到法律的制裁；最后来看能力，能力是指综合素质和专业能力，劳动可以提升综合素质和专业能力，这是不言而喻的。只要有正确的思维方式、持续的辛勤劳动，就能创造幸福人生。

人人渴望幸福生活，其实，对幸福生活的需要归根结底是指人的需要，人的需要是多元存在的，既有自然要素，也有社会要素，还有精神要素。在马克思看来，"人"始终是历史发展的动机和目的，而且"现实的人"的"美好生活需要"才是历史发展的真实目的。中国特色社会主义进入新时代，实现人的自由全面发展，满足人民日益增长的美好生活需要，必须关注实现幸福人生需要的超越力量、变革力量、创造力量，科学把握实现幸福人生需要的历史逻辑、现实逻辑、发展逻辑；准确理解实现幸福人生需要的基础要素：身体健康、人生平安、家庭和睦、事业有成、知足常乐，而实现这些幸福基础要素的载体就是劳动，劳动可以锻炼人之体魄、培养人之品德、提升家庭和谐、推动事业成功、修炼知足常乐。

不同的历史时期对劳动的认识是不同的。农业时代，对劳动的最早描述出自《庄子》，其中描写了春耕春种的农业劳动情形；工业化时代，劳动的内容进一步丰富，包含了人力资源整合的内容，突出强调的是劳动创造价值、创造财富，这一点在亚当·斯密的《国富论》，还有马克思《资本论》的第一卷都讲到了；到了网络时代，劳动又有了新的内涵，劳动不仅创造价值，劳动还创造文明、创造智慧。如在线教育、在线医疗、在线办公等，通过在线互动、精准服务，充分体现了网络时代劳动的新形态、新内涵，所以，新时代劳动，我们不但要强调辛勤劳动、诚实劳动，讲勤俭、讲奋斗，更要强调劳动创造智慧、劳动创造幸福，讲创新、讲奉献。如统筹做好疫情防控和复工复产中的劳动，都要强调实践创新，疫情之下产业运行方式的变革，也离不开创新。可以说，没有创新就不会有疫情防控与复工复产统筹兼顾的中国防疫模式，就不可能取得今天抗疫的重大成果。奉献的精神也很重要，特别是医疗、卫生、教育、服务等行业的从业者表现出来的奉献精神，可歌可泣。还有农民工，他们身上所表现出的吃苦、耐劳、牺牲的品质，充分说明了中国的农民工相当优秀。比如，一位记者在采访建设火神山、雷神山的农民工时问："你是为了挣钱，还是为了什么？"我们的农民工说，他们刚回家三天，通知要来，二话没说就来了。就是想，平凡人要是有机会当英雄，也行！从讲话中看到了他们为自己的劳动感到自豪。

同学们，你也许会问，为什么"听过很多道理，却依然不知道如何过好这一生？"因为，"听过"不是"真知"，知行合一才是真知。仅仅"听过"当然不足以让你"过好"，幸福不是"听"来的，是通过"劳动"来的。

（一）以劳促动，拥有健康身体

身体健康是幸福人生的第一个基础要素。众所周知，健康既是人生的宝贵财富，也是国家富强的坚实基础。疾病不会因为你年轻而躲着走，健康也不会因为你年富力强而自动来。健康状况不佳，让人难以享受最好的青春年华，也难以在这个伟大的时代乘风破浪。健康是"1"，事业、家庭、名誉、财富等就是"1"后面的"0"，人生幸福全系于"1"的稳固，民族昌盛、国家富强也系于"1"的坚实。毛泽东提倡"健康第一"，党的十九大报告提出"人民健康是民族昌盛和国家富强的重要标志"。人生能有几回搏，但拼搏的同时，也别放弃了健康资本。

1. 久坐损害身体健康

随着科技的迅猛发展，21世纪成了互联网的时代，人们过度使用数字信息，网络社交、订餐、玩游戏、购物等，减少了身体活动的时间，人们的身体素质呈现下降趋势。

2022年11月30日，共青团中央维护青少年权益部、中国互联网络信息中心在京联合发布《2021年全国未成年人互联网使用情况研究报告》（以下简称《报告》）。报告显示，2021年我国未成年网民规模达1.91亿，未成年人互联网普及率达96.8%，较2020年提升1.9个百分点。未成年人过度上网情况有所改善，工作日、节假日日均上网时长与2020年相比均有下降。

报告显示，城乡未成年人在互联网普及率方面的差距已基本弥合，但在网络使用方面仍存在较为明显的差异，主要表现为农村未成年网民上网设备相对单一、长时间上网情况更突出、使用休闲娱乐类应用比例较高、使用学习资讯类应用比例较低。

根据报告，视频平台成为获取信息重要渠道，对未成年人价值观塑造的影响值得关注。接近半数未成年人通过短视频、视频平台获取社会重大事件信息，近四成未成年网民在上网过程中遭遇过不良或消极负面信息。

报告显示，网络安全环境持续改善，未成年网民遭遇网络安全事件的比例较2020年有所下降，多数未成年网民会关注与未成年人网络保护相关的新政策、新法规。同时网络安全方面也出现一些新的风险隐患，部分未成年网民网络安全防范意识不强，网上诈骗、个人信息泄露等网络安全陷阱仍然存在。

关于加强未成年人网络保护工作，报告提出了相关建议：一是强化法治保障，提升未成年人网络环境的安全性和健康度；二是推动青少年模式改良升级，在预防未成年人网络沉迷方面发挥更加积极的作用；三是加强未成年人网络素养教育，提升农村未成年人互联网应用能力；四是学校、家庭、平台企业各尽其责，形成未成年人网络保护工作合力。

据了解，2022年发布的报告覆盖31个省（区、市）的小学、初中、高中及中等职业学校学生。报告从未成年人互联网普及、网络接入环境、网络使用特点、教育监管、网络安全与权益保护等方面，分析未成年人互联网使用趋势变化和存在的问题，有针对性地提出工作建议。

在当今时代，随着生产方式的变革，体力劳动比例逐步减少，脑力劳动日益增加，特别是脑力劳动者长期久坐，处于静坐不动的状态，静坐不动会带来许多健康隐患，如背部和肌肉拉伤。如果你一整天躺着看手机，或者一整天打电子游戏，会让肌腱绷紧、僵硬，甚至引起颈椎疾病、视力下降，导致各种"富贵病"。早期研究发现，静坐的人群罹患心血管疾病的概率比经常活动的人更高。更可怕的是，静坐不动的时候，因突发心血管疾病而猝死的风险会大幅度上升。另外，还有肥胖症和糖尿病等，都与久坐不动有关。

2. 动能激发人体的活力

人们常说，活动活动，"动"可以增强心肺的功能，为身体各部位提供更充足的血液和氧气，促进体内的代谢和循环，进而增强身体的活力。同学们，我们不仅需要用强健体魄支撑幸福生活，而且需要把健康底色涂抹在历史车轮上，一起滚滚向前。

每个人都渴望拥有完美的身材、健康的体魄，每个人都具有让自己强壮、有力、健康、美丽及迅速恢复活力的本能，就要看你是不是愿意付出汗水、付出劳动了。如果你没有养成锻炼身体的习惯，就可能罹患一系列疾病；如果你每天都锻炼身体，这些疾病很有可能消失。劳动是身体的本能，你可以每天进行体力劳动，锻炼身体，它对人们的身体健康非常重要。从长跑运动员健美的腹肌，舞蹈演员优美的舞姿，就可以得出锻炼身体的重要性了。健美的腹肌和优美匀称的身材，都是他们通过日复一日锻炼得到的。"天行健，君子以自强不息。"如果养成了良好的运动习惯，你也会像运动员、舞蹈演员一样，收获健康、收获美。

3. 劳动使人健康

劳动与人的身体健康关系极其密切。三国时期的名医华佗曾说："人体欲得劳动，但不当使极耳，动摇则谷气得消，血脉流通，病不得生。譬如户枢，终不朽也。"同时强调，人体要劳动、运动，但不能过量。在适度劳动和运动的过程中，人体摄取食物的精华将被吸收和消化，血脉通畅，不易得病。就好比门的轴一样，经常转动不会被虫蛀。我国传统养生学家认为，通过体力劳动可以促进人的血液循环，锻炼肌肉，让骨骼更加坚硬，不容易发生骨质疏松，增强体质，提高身体的免疫力，从而形成"劳动—强健身体—劳动"的良性循环。

有时，我们也有耳闻，一些脑力劳动者，过度熬夜加班，因劳动强度过大而发生猝死的现象。这些都是由于不良的劳动习惯使身体产生了疾病，日积月累，终有一天爆发的情况。这警示我们：现代劳动者一定要合理安排体力劳动和脑力劳动的平衡，养成良好的劳动习惯，适当增加一些体力劳动。人体对体力劳动做出的适应，一直会深入到细胞层面。细胞中的线粒体（人体细胞的发电机）将对体力劳动做出反应。在你进行体力劳动时，你就赋予了骨骼肌更多的线粒体和线粒体酶。这一改变，能让你更好地从身体中提取脂肪，并让它们进入肌肉中，从而"燃烧"掉这些脂肪。对运动员来说，得到储存在人体中的脂肪，意味着他们能够接受更久的训练而不感到疲惫，因为他们的耐力增强了。实际上，受过良好训练的运动员，会在他们的肌肉中储存更多的脂肪，他们的身体就能更便捷地获得营养物质。作为非运动员和普通体质的人来说，如果你的肌肉中储存着脂肪，就不容易感到疲惫，更有耐力，工作状态会更好，效率会更高，思维也更敏捷，更容易进行创造性的劳动。只有正确的劳动才能使我们身体健康，不劳动或劳动过度不但不能使身体健康，还会危害身体健康。

（二）以劳促美，享受平安人生

人生平安是幸福人生的第二个基础要素。人生平安包括身体平安、荣誉平安、法律平安及财产平安。无产者自由自觉的劳动在社会发展中孕育成长，创造了和谐的人际关系，是幸福的源泉和动力。和谐的人际关系会减少法律诉讼、互相诋毁攻击、巧取豪夺及因欺诈造成的财产损失。

1. 劳动可带来社会的欣欣向荣

人类历史由劳动开启，劳动是社会存在的基础。《马克思恩格斯全集》中指出："劳动首先是人和自然界之间的过程，是人以自身的活动引起、调整和控制人和自然之间的物质变换的过程。人自身作为一种自然力与自然物质相对立。为了在对自身生活有用的形式上占有自然物质，人就使他身上的自然力——臂和腿、头和手运动起来。当他通过这种运动作用他身外的自然并改变自然时，也就同时改变他自身的自然。"人在劳动中唤醒自己的潜能，在一定阶段实现"自由自觉"。具有马克思主义劳动观的日常劳动、生产劳动和服务性劳动将带来社会的欣欣向荣，使劳动者的个性得到自由发展。因此，并不是为了获得剩余劳动而缩减必要劳动时间，而是直接把社会必要劳动时间缩短到最低限度，给所有劳动者腾出时间去创造，个人会在艺术、科学等方面得到发展。在进行创造性劳动的过程中，劳动者充分发挥自己的禀赋，创造各种超越生存目的的劳动结晶——哲学、艺术等，享受劳动创造的愉悦，制作出更美的劳动作品。在自己享受劳动带来的快乐、光荣、美丽的同时，也给这个世界带来了快乐、美丽。快乐、喜悦的劳动也会给周围的人带来快乐、喜悦，进而带来社会的欣欣向荣。

2. "劳动一生"是延长寿命不可或缺的因素

我国传统养生学家认为："劳其形者长年，安其乐者短命。"劳则不衰，动则延年。坚持劳动，适当忙碌是延长寿命不可缺少的因素。所有长寿之乡的居民都践行着现代人最难实行的长寿原则：劳动一生。他们非常享受劳动，感到劳动很快乐。马克思也认为自由自觉的劳动能获得美的享受，但劳动之美不像纯娱乐、消遣那么简单，劳动之美仍然是"非常严肃""极其紧张的事情"。人在劳动中的享受和精神愉悦远远胜于生理上的"痛苦"，是"累并快乐着"，是别人眼里的"累"，他心中的"快乐"，是一种自我享受。

广西的巴马、江苏的如皋等长寿之乡，人们几乎耳熟能详。在镇江丹阳市丹北镇埠城水晶山体育公园附近，西丰行政村下属的白龙寺村被誉为"丹阳巴马"长寿村。这个长寿村的高龄老人，大多身体硬朗，虽然已是耄耋之年，但一生热爱劳动的他们，晚年依然以从事力所能及的劳动为荣，安享"采菊东篱下，悠然见南山"的田园生活。90岁的殷巧英和87岁的殷巧娣寿星姐妹说："人老爱动，身体才越发精神。我们姐妹俩嫁入白龙寺村后，一直相互照应。现在年纪大了，田间地头干些自己做得动的活儿并不觉得累，相反还活动了筋骨！"91岁的周冬哎，可使用大斧头在家门口劈柴，一招一式格外有劲，房前屋后堆满了捆扎好的柴火。80多岁的老伴说："虽然家里有燃气灶，但我们还是喜欢烧土灶。平常，他除了劈柴，还挑粪担水浇菜，种植旱谷作物，每天一早还要骑车到埠城镇上逛街。"白龙寺村是一个有30多户百余人的小村，几乎每个家族中都有八九十岁的寿星，现在健在的80岁以上的寿星就有近20人。这些寿星们一个个都忙得不亦乐乎，把自家的菜园打理得如同花园般漂亮诱人，吃着自己种的无公害蔬菜。有的寿星在草莓等种植基地做临时工，干起活来，好多年轻人都赶不上。在白龙寺村，如果不向老人打听岁数，真看不出他们的实际年龄。在家门前菜地上锄草的金福根，鹤发童颜，腰板挺直，83岁的他看上去只有六十多岁的年纪。寿星们普遍认为，爱劳动是他们长寿的原因，他们都很勤劳、朴实。

3. 劳动有助于促进和谐的人际关系

劳动是在人类意识活动指导下的运行形态，包含思维活动本身。因为劳动，人创造了社会活动、社会关系，也因为劳动，社会创造了人自身。在历史唯物主义的视域下，人类的劳动是依赖自然界产生的，是世界物质运动的升华，是人类意识觉醒、思维发展的手段与归宿。恩格斯认为，劳动"是整个人类生活的第一个基本条件，而且达到这样的程度，以至我们在某种意义上不得不说：劳动创造了人本身。"马克思也认为"整个所谓世界历史不外是人通过人的劳动而诞生的过程，是自然界对人来说的生成过程。"劳动是建立在人与自然关系之中的能动性活动，人的生存离不开物质生产资料，在社会最初的发展过程中，劳动是进行物质资料生产的主要手段，在此过程中实现劳动的自觉性，人按照自然的规律，制造和使用生产工具以改变人与自然的原始状态，自然的无意识活动与人的有意识的活动相结合，自然就变成了"人化的自然"。劳动使人类走近自然、改造自然，进而改变自身。马克思还认为："由于手、胳膊、脚、腿、大脑共同作用，人才有能力进行越来越复杂的活动，做出越来越精美的劳动作品。"人与自然、人与社会、人与人的关系都由劳动连接，创造了人文世界。人是处在社会关系之中的人，他认为"人的本质不是单个人所固有的抽象物，在其现实性上，它是一切社会关系的总和""人不仅是一种合群的动物，而且是只有在社会中才能独立的动物"，自由自觉的劳动是人的本质，可实现人的解放，"人的创造天赋"只有得到"绝对发挥"，"人类全部力量"才能得到"全面发展"。人人皆可尽其才的社会将是一个和谐、欣欣向荣的社会。只有处在一个和谐的人际关系中，我们才更有可能实现人生的平安。

（三）以劳促德，构建和睦家庭

家庭和睦是人生幸福的第三个基础要素。人人都向往有个和睦的家庭，居里夫人认为："一家人能够相互密切合作，才是世界上真正的幸福。"幸福的家庭都是相似的，大多子孙孝顺、勤劳，有良好的家风。中华民族历来注重家庭、家教、家风，古语有云"天下之本在家"。党的十八大以来，习近平总书记对家庭、家教和家风建设也有许多重要论述。他指出："千家万户都好，国家才能好，民族才能好。"他强调："家庭是人生的第一个课堂，家风是社会风气的重要组成部分。"许多家庭的不和谐，都是因为子孙懒惰、奢侈引起的。

1. 重视家庭劳动有助于形成良好家风

好家风才能出孝子，子孙后代贤良孝顺，家庭就会和睦。在艰苦的劳动中可以培养子孙后代的开拓进取、自强不息、勤俭克制的精神。人们将刻苦读书、勇于实践，作为实现个人理想的途径。当把自己的梦想与中国梦、乡村振兴等国家的号召结合起来时，就实现了家运国运的有机统一，这就是"君子勇于担当，自强不息"的精神。

《礼记·大学》有云："古之欲明明德于天下者，先治其国；欲治其国者，先齐其家；欲齐其家者，先修其身；欲修其身者，先正其心；欲正其心者，先诚其意；欲诚其意者，先致其知，致知在格物。物格而后知至，知至而后意诚，意诚而后心正，心正而后身修，身修而后家齐，家齐而后国治，国治而后天下平。"意思是说，在古代，想要使美德显明于天下的人，首先要治理好他的国家，想要治理好自己国家的人，首先要整治好他的家庭；想要整治好自己家庭的人，首先要努力提高自身的品德修养；想要提高自身品德修养的人，首先要使他心正影不斜、意念诚实；想要意念诚实，首先要获得一定知识；而获得一定知识的方法就在于穷究事物的原理；而穷究事物的原理，应下大气力、下苦功夫，不能采取浅尝辄止、蜻蜓点水的态度。马克思在《资本论》第一卷法文版序言和跋中提到，在科学上没有平坦的大道，只有不畏劳苦沿着陡峭山路攀登的人，才有希望达到光辉的顶点。习近平总书记引用这句话，说马克思为创立科学理论体系，付出了常人难以想象的艰辛，最终达到了光辉的顶点。

2. 家风好，就能家道兴盛、和顺美满

颜之推在《颜氏家训》中指出，士大夫如果不了解农业，不参加农业劳动，"治官则不了，营家则不办。"他认为只有通过农业劳动来体会人生，才能做好官、当好家。清初理学家张履祥则在《训子语》中阐述了"耕"对"读"的重要性："读而废耕，饥寒交至；耕而废读，礼仪遂亡。"

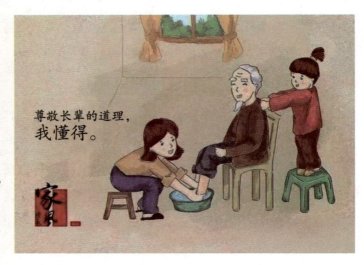

家风是社会风气的重要组成部分。家庭不只是人们身体的住处，更是人们心灵的归宿。家风好，就能家道兴盛、和顺美满；家风差，难免殃及子孙、贻害社会，正所谓"积善之家，必有余庆；积不善之家，必有余殃。"《曾国藩全集·家书》中指出："以耕读之家为本，乃是长久之计""吾细思，凡天下官宦之家，多至一代享用便尽，其子孙始而骄佚，继而流荡，终而沟壑，能庆延一二代者鲜矣；商贾之家，勤俭者能延三四代；耕读之家，谨朴者能延五六代；孝友之家，则可延十代八代。余今赖祖宗之积累，少年早达，深恐其以一身享用殆尽，故教诸弟及儿辈，但愿其为耕读孝友之家，不愿为仕宦之家。"

3. 自愿自觉、积极主动承担劳动任务是家庭和谐的重要因素

主动承担劳动任务是大学生应该具备的基本劳动品质。积极主动更深层次的含义就是责任感，是一种正确做事的态度。在家里，我们要积极主动地承担起家里的一些日常劳动任务，整理自己的房间使其保持整洁，"不扫一屋何以扫天下"，当父母给我们安排劳动任务时，如洗衣、做饭等，我们是欣然接受还是婉言推辞，甚或断然拒绝呢？你是否会想，我挑容易的、好做的做，那些难做的、太脏太累的就

不做呢？其实，每个人在接收到劳动任务时的想法是不同，表现出来的态度也是不同的。错误的劳动观念会造成拈轻怕重、挑三拣四，或者拖拉推延，这是许多孩子在对待家庭劳动时表现出的态度，但一定要清楚，这都是因为错误的劳动观念造成的，如果不能及时矫正，将给我们未来的家庭埋下不幸的隐患，还会影响你职业生涯和人生的发展。作为大学生，我们应该主动承担劳动任务，欣然接受劳动，养成正确的劳动观，生活即教育，在家庭中养成好的劳动习惯，那么这种欣然接受劳动的习惯也会体现在未来的家庭和工作岗位上，这对我们的职业生涯、未来家庭及人生发展都大有裨益。

在学校劳动的过程中，总有一些人手脚灵活、思维敏捷，他们总能很快完成自己的任务。有的同学会在提前完成自己的任务后，坐下来休息，即使看到别人还在忙碌，疲于应付劳动任务，他也不会伸出援助之手。这种情况会给其他同学留下不好的印象，尽管他聪明能干，总是能很快完成任务，但同学们都不喜欢他，以至于在他以后的工作和学习中，当他遇到困难时，同学们有可能不会去帮助他。他应该明白得到爱更多的人往往是施予爱更多的人，得到帮助更多的人往往是给别人更多帮助的人。应该改变自己的态度，主动帮助其他同学，重新获取同学和大家的信任和尊重。

乐于助人能在工作中构建和谐人际关系。你是否也像这位同学一样，自己的劳动任务完成后，不会顾及其他同学的感受呢？如果是这样，请立即调整自己的心态，学会换位思考，如果是你在劳动过程中遇到困难，希望别人如何对待你呢？乐于助人是一种可贵的品质，"赠人玫瑰，手留余香。"乐于助人在工作中不但能收获劳动成果，还能收获友谊，获得成长，构建和谐的人际关系。

在春风得意的时候，有人分享我们的快乐；在寂寞伤心的时候，有人安抚我们的心灵；在窘境困顿的时候，有人伸出温暖的手。这样的生命历程才能绽放出幸福的花朵。试想，当我们通过艰苦的努力和辛勤的劳动而有所收获时，有人为我们举起庆功的酒，那种感觉是何等的幸福！而当我们遇到挫折、心情低落时，有人用温暖的话语抚平我们心灵的创伤，这岂不也是一种幸福！家庭和谐会让人感到人生幸福，让我们积极参加家务劳动，促进家庭和谐吧。

（四）以劳促业，打造成功事业

事业成功是人生幸福的第四个基础要素。事业的成功需要持续的劳动，劳动是人类基本的实践活动和存在方式，是人类创造物质财富和精神财富的最基本条件，"人世间的一切幸福都需要辛勤劳动来创造"在实现乡村振兴、共同富裕的大背景下，当代大学生可谓是生逢其时，你们朝气蓬勃、精力充沛、思维敏捷，是最具有创新创业精神的群体，你们的"成才梦""创业梦"必将为中国的"共同富裕"不断注入新生力量。大学生的成长成才不仅需要专业知识，还要有正确的劳动价值观。劳动价值观是一个社会成员人生观、世界观、价值观的重要组成部分。马克思认为："劳动不仅是谋生的手段，更是通向客观世界与主观世界的媒介，也是实现人性至善至美、彻底自由的必由之路。"

1. 劳动托起人生梦想

"有梦想，有机会，有奋斗，一切美好的东西都能够创造出来。"也就是说，即使"梦想"再美丽，机会再繁多，如果没有辛勤奋斗，一切都是徒劳的，梦想与实现之间隔着"奋斗"的距离。2020年11月24日，习近平总书记在全国劳动模范和先进工作者表彰大会上的重要讲话中指出："在长期实践中，我们培育形成了爱岗敬业、争创一流、艰苦奋斗、勇于创新、淡泊名利、甘于奉献的劳模精神，崇尚劳动、热爱劳动、辛勤劳动、诚实劳动的劳动精神，执着专注、精益求精、一丝不苟、追求卓越的工匠精神。"

大学生正处于人生中最有活力、最富激情、最具闯劲的青年阶段，只要依靠勤奋劳动、诚实劳动、创造性劳动，就能把人生梦想变成现实，就能收获学业成功，从而为事业成功夯实坚实的基础。倘若大学生缺乏崇尚劳动、热爱劳动、辛勤劳动、诚实劳动的劳动精神，心中虽然也构建了宏伟的人生蓝图，但梦想也只能永远停留在梦里。正如诸葛亮在《诫子书》中所言："年与时驰，意与日去，遂成枯落，多不接世，悲守穷庐，将复何及！"年华随时光而飞驰，意志随岁月逐渐消逝，最终枯败零落，不接触世事、不为社会所用，只能悲哀地困守在自己穷困的破舍里，到时悔恨又怎么来得及？"民在勤，勤则不匮""业精于勤荒于嬉"，勤劳是中华民族的传统美德。富兰克林在他的自传中提到的13种美德中，也将节俭、勤奋、诚信视为创业者成功的法宝。

2. 劳动锻炼人的心志

稻盛和夫曾说，日复一日辛勤地工作，可以锻炼我们的心志。一心一意投身于工作，聚精会神、孜孜不倦、精益求精，这本身就能磨炼我们的心志，促进我们成长。

工作造就人格，就是通过每一天认真踏实地工作，逐步铸成自己独立的、优秀的人格。这样的实例，从古至今，从国内到国外，举不胜举，只要翻开伟人们的传记，随处可见。凡是功成名就的人，毫无例外地都是不懈劳动、历尽艰辛，埋头于自己的事业，才取得了巨大成功。通过艰苦卓绝的努力，在成就伟大功绩的同时，他们也造就了自己完美的人格，实现了幸福的人生。有许多优秀的工匠，只要专心磨炼技能，制造出赏心悦目的产品，他们就会感到一种说不出的自豪和充实。因为他们认为劳动是既能磨炼技能，又能磨炼心志的修行，他们把劳动看作自我实现、完善人格的"精进"道场。可以说，我们的大国工匠、劳动模范都具有这种有深度的、正确的劳动观和人生观。

"劳动是人按自己的意志与意识去改变世界的有目的的活动，是人的目的不断对象化，对象世界不断人化的历史文化过程，是人在自由自觉地改变自然中既创造对象世界又创造人本身的社会过程，是人之所以存在的依据。"劳动不仅创造了人类，也是人类的本质特征和存在方式。正如马克思所说的："任何一个民族，如果停止劳动，不用说一年，就是几个星期，也要灭亡，这是每一个小孩子都知道的。"

3. 劳动促使事业成功

大学生如果要想事业成功，出类拔萃，对专业知识和能力的学习与提高是必不可少的。教育家和哲学家认为，获得知识是一件困难的事情，因为其中必然有各种约束的介入。他们认为学习是要付出代价的，如耐力和汗水。因此，个人短暂的快乐要让位于长远的幸福。在那些哲学科学家们看来，要想获得出色的思辨能力对年轻人来说也绝非易事，而是一场艰苦卓绝的学习过程。在这个过程中，不但是知识增长的过程，也是学习能力提升的过程，更是德育、劳育、美育和体育全面发展与提升的过程。为了将来更优秀的自己，应不断提升自己。

劳模精神、劳动精神、工匠精神是以爱国主义为核心的民族精神，是鼓舞大学生风雨无阻、勇敢前进的强大精神动力。习近平总书记在全国教育大会上强调："要在学生中弘扬劳动精神，教育引导学生崇尚劳动、尊重劳动，懂得劳动最光荣、劳动最崇高、劳动最伟大、劳动最美丽的道理，长大后能够辛勤劳动、诚实劳动、创造劳动。"劳动精神是劳动者劳动意识、劳动理念、劳动态度、劳动习惯的集中展示，弘扬劳动精神，强调正确认识劳动，是人类的本质活动。大学生要树立终身学习的理念，密切关注行业、产业前沿知识和技术进展，勤学苦练、深入钻研，不断提高技术技能水平。大学生若想从优秀变得卓越，除了要有爱岗敬业、争创一流、艰苦奋斗、勇于创新、淡泊名利、甘于奉献的劳模精神外，还要有执着专注、精益求精、一丝不苟、追求卓越的工匠精神。工匠精神不仅是大国工匠群体特有的品质，更是广大技术工人心无旁骛，钻研技能的专业素质、职业精神，弘扬工匠精神强调在追求卓越中超越自己。劳动精神是劳模精神、工匠精神的根基，离开劳动创造，劳模精神和工匠精神就是无源之水、无本之木。劳模精神和工匠精神是劳动精神向更高水平的发展、在更高层次的升华。

4. 做一个诚信的劳动者

诚信是现代社会的价值基础，在这个万物互联的时代，任何一个职业的不诚信，不仅会损害个别人的利益，更会波及社会的方方面面，造成整个社会的价值基础遭遇前所未有的信任危机。从传统的工业社会到现代社会，社会分工在不断细化，分工使交换成为必然，交换使买卖双方在功能上形成互补，满足各自需求。分工不仅成了社会团结的主要源泉，同时也构建了有秩序的道德基础。分工使每个人都将自己社会生活的一部分交付给他人，个人利益只有通过交换，通过与他人合作的方式才能实现。在一个和谐的社会，失信会给这个和谐的社会造成混乱，给他人的生活带来困扰，如果不诚实的行为没有得到惩罚，不诚实的劳动就会成为风气，身处社会中的个体就会尝到苦果。可见，一个和谐的社会绝不允许不诚实劳动的存在。在网络的社会生态中，买卖双方更需要建立在诚信的基础上，它比传统市场上的失信成本更高。因此，越来越多的商家越来越注重诚信经营，树立自己的品牌形象。社会学家涂尔干将当今社会的这种特性称为"有机团结"，即社会成员在活动层面的分工合作（互补性）和意识层面的共生性。我们要秉持诚实劳动的原则，否则便会遭受市场规律的惩罚，受到法律的制裁。正如习近平总书记所说："青年的价值取向决定了未来整个社会的价值取向，而青年又处在价值观形成和确立的时期，抓好这一时期的价值观养成十分重要。这就像穿衣服扣扣子一样，如果第一粒扣子扣错了，剩余的扣子都会扣错。人生的扣子一开始就要扣好。"

在个人发展过程中，要将实现中华民族伟大复兴的中国梦与个人的梦想结合在一起，将劳模精神、劳动精神、工匠精神运用在掌握新知识、攻克新技术上，使自己成为一个热爱劳动、勤于劳动、善于劳动的高素质劳动者。自觉把人生理想、家庭幸福融入国家富强、民族复兴的伟业之中，争做新时代的奋斗者，通过劳动创造更加美好的生活。紧密结合时代特征和社会实际，充分发挥劳模精神、劳动精神、工匠精神的价值，有意识提升自己的技术技能素质。综合国力的竞争归根到底是人才的竞争和劳动者素质的竞争，通过掌握过硬技能成就自己的事业，过上更加幸福的生活。

（五）以劳促智，修炼知足常乐

知足常乐是幸福人生的第五个基础要素。知足常乐是幸福的智慧要素，不妄自菲薄，也不自暴自弃，"比上不足，比下有余。"这是一种智慧的生活态度，不是谁都能拥有这种智慧。如果想拥有这种智慧，则需要长期的心智修炼，而心智的修炼离不开劳动的磨炼。

1. 劳动使人知足常乐

人有欲望，也有善良的本心。人生的苦恼在于多欲，如果执迷于物欲和名利，物欲不止，物质财富无尽，名利心不止，你纷我攘，则人生即无安宁之日，其心也永远劳倦，痛苦不堪！如果能让自己的欲望适可而止，恰到好处地满足自己的欲望，而不损害他人的利益，倘若能做到这一步，你就能做到心中平静淡然，精神富足，达到幸福的状态。这其实正是先哲们践行的"知足常乐"智慧。它是一种恰到好处的智慧、是一种不偏不倚的智慧、是一种适可而止的智慧，是先哲们提倡的"中庸"的智慧。"中庸"在《中庸》里是这样解释的："喜怒哀乐之未发，谓之中；发而皆中节，谓之和。中也者，天下之大本也；和也者，天下之达道也。致中和，天地位焉，万物育焉。"意思是说，人的欢喜、愤怒、哀伤、快乐的感情还没有表现出来就是"中"；即使表现出来，但是合乎时宜和礼节，就是"和"。"中"是天下人的根本，"和"是天下人所遵从的原则。达到了"中和"的境界，天与地就各在其位了，万事万物也就生长发育了。

倘若一个人没有表现出喜、怒、哀、乐的情感，他的内心是安宁平静的，即"中"。但喜、怒、哀、乐是人们的正常反应，是人们受到外界环境和事物变化而产生的自然反应，人的感情不宣泄是不可能，但宣泄要有度，这个尺度就是：不要看到好的事物就喜形于色，遇到不高兴的事情就勃然大怒、悲哀欲绝或得意忘形，这都是不恰当的。情感表现得合常理、合时宜、有节度，这就是"和"。把这种哲学运用到人生中，将是一种大智慧。

2. 拥有"知足常乐"的智慧可使人享受劳动

在市场经济条件下，价值导向容易使人们急功近利，追求表面的、外在的东西。非黑即白、两极对立的思维方式很容易让人走极端，钻牛角尖。对人际交往、学业成功等，总是期望达到顶峰。对人的评价容易因为一件事就否定了其所有的好，做事情往往急于成功，欲速则不达，其结果是成功也好，失败也罢，总是处于不安和失意之中。他们缺少的是辩证地看问题的能力，缺乏的正是先哲提出并加以践行的"中庸"智慧，缺乏的是对劳动观念的认知。

2017年5月3日，习近平总书记在中国政法大学考察时强调："中国的未来属于青年，中华民族的未来也属于青年。青年一代的理想信念、精神状态、综合素质，是一个国家发展活力的重要体现，也是一个国家核心竞争力的重要因素。"从按照社会化理论到走向工作岗位以前，大学生仍处于初级社会化阶段。但随着人民物质生活水平日益提高，有些大学生对劳动的认知日趋模糊，劳动观念越来越淡薄，不能真正理解劳动本身就是付出，是拼搏和奋斗的具体表现，是一个艰苦磨炼的过程，不理解幸福是奋斗出来的。比如，有的大学生看到"网红"日进斗金时，简单地认为是天上掉馅饼，认为这些网络主播挣钱也太容易了，在一定程度上使有的大学生产生了投机心理，他们并没有了解网络主播也要付出辛劳，进行文案写作、视频创作等，没有认识到"没有人能随随便便成功"；有的大学生看到舞台上演员们精彩的表演，很少会想到他们"台上十分钟，台下十年功"的艰辛。这些都是不能辩证看问题的体现，是没有形成正确的劳动观的表现。

2018年"五一"国际劳动节前夕，习近平总书记给中国劳动关系学院劳模本科班学员的回信中写道："社会主义是干出来的，新时代也是干出来的。希望你们珍惜荣誉、努力学习，在各自岗位上继续拼搏、再创佳绩，用你们的干劲、闯劲、钻劲鼓舞更多的人，激励广大劳动群体争做新时代的奋斗者。"新时代更加需要艰苦奋斗精神，这个时代的艰苦奋斗精神，不仅指在物质层面上我们要有艰苦朴素、勤俭节约的劳动观念，更强调要保持精益求精、不畏艰险的劳动精神，拒绝极端的、肤浅的"利欲熏心""急功近利""拜金主义"，以辩证的、中庸的态度来看待劳动与收获。让我们在"知足常乐"的智慧中，享受劳动为我们创造的幸福人生。

3. 知足常乐使人淡泊名利

知足常乐体现在淡泊名利、甘于奉献，不计较个人得失，守本分、有追求、讲原则、担使命、有境界、有修为，不患得患失，是一种大格局，高境界。有这样一批人，他们辛勤劳动、诚实劳动、创造性劳动，勇于奋斗，不拈轻怕重、不挑三拣四，干一行、爱一行、专一行，努力创造新的时代辉煌，铸就新的历史伟业。如"金牌焊工"高凤林就是干一行、爱一行、专一行的典范。现在很多大学生在就业时，高不成低不就，挑来挑去，个别人宁愿待在家里"啃老"也不愿就业，这是不能正确地看待岗位的原因。高凤林用实际行动告诉我们：知足常乐，"三百六十行，行行出状元"，不争第一，而是把第一踏实地干出来的高境界。

专题五：身体健康

专题五：幸福人生

专题五：真正的幸福

中国焊接第一人

高凤林，中国焊接第一人，他的事迹被多次收入《中华名人录》《当代人才》《国际人才》等期刊和中央电视台《实话实说》《焦点访谈》等节目。他就是一名普通焊工，有些大学生对这个职业会有偏见，不愿干，认为只有那些不好好学习的孩子才去干这类工作，而他却成了一名卓越的焊工，在2015年中央电视台播出的《大国工匠》中，高凤林是开篇的第一人。诺贝尔奖获得者曾请他帮过忙，当时各国都希望在反物质探测器项目上取得突破，而中国自然不会落于人后。彼时在制作探测器

作为焊接火箭"心脏"发动机的中国第一人，是高凤林，焊接了40%的长征系列火箭的"心脏"；也是他，将火箭发动机核心部件——泵前组件的产品合格率从29%提升到92%，破解20多年来掣肘我国航天事业快速发展的难题。

的过程中，有一个团队遇到了一个大难题——他们造不出低温超导磁铁。这个项目的主要负责人之一就是诺贝尔奖获得者丁肇中教授，他为解决低温超导磁铁的制造问题，直接找到高凤林，邀请他参与该项目。自1980年参加工作至今已有40余年了，在此期间，高凤林一直坚守在车间第一线，负责火箭发动机的焊接。

  1978年，16岁的高凤林以优异的成绩考入隶属于首都航天机械有限公司的技校，学习焊接工艺与制造专业。实习期间，他吃苦耐劳，对专业一丝不苟，打下了扎实的基本功，给焊工师傅们留下了深刻的印象，毕业后成为一名焊工。高凤林在工作期间很快表现出了他高超的焊接技术。由于工作业绩显著，他很快担任工作组组长。高凤林除了在工作上从未停止精进焊接技艺外，工作之余他抓紧一切机会提升自己。从1988年开始，高凤林一路走来，利用工作之余，完成了大专、本科及研究生课程的学习，不断充实自己的理论水平，不断在实践中验证理论，在理论中提升实践能力。焊接技术不但要求具备扎实的焊接知识和基本功，还要有娴熟的操作能力，若想成为一名卓越的焊工，就必须从理论和实践两方面对焊接技术进行刻苦钻研和实践。高凤林所焊接的火箭发动机被称为火箭的"心脏"，其对焊接质量的要求非同一般，可以说"差之毫厘、谬以千里。"高凤林的作业对象经常是只有1~2厘米厚的材料，或者指头大小的小部件，眼睛眨一下或者手略微抖一下都可能导致焊接失败，只有通过反复练习才能提升焊接的技术。入行初期，高凤林常常举着铁块、沙袋，来增强手腕或手臂的力量，甚至在吃饭时也常用筷子练习送焊丝的动作，练习避免焊接时手抖现象，他还经常冒着高温去观察铁水的流动规律。他说这些仅仅是焊工的基本功，焊工工作讲究熟能生巧，需要持续不断地练习，给卫星最关键的部位焊接，精度要求高，机器做不到。这充分体现了大国工匠的风采。看到这里，同学们再想想，那些看似普通的焊工职业，是不是不普通了呢？做一名优秀的焊工是不是也很自豪？无论什么工作，做到极致，就会变成行业中的佼佼者。

多年来，高凤林共攻克技术难关 90 多个；他以最佳焊缝成型第一个完成美国 ABS 焊接取证认可；在长征二号火箭的焊接过程中，他提出多层快速连续堆焊接机械导热等一系列保证工艺性能的工艺方法，保障了长征二号火箭的如期发射；在国家"863"攻关项目 50 吨大氢氧发动机系统研制中，他突破理论禁区，创新性地混用焊头焊接超薄的特制材料；在公司民用产品真空炉的生产中，他提出的新焊接工艺比原方法提高功效 5 倍多，节约原材料 50%，实现系统批量化生产……科学家们为火箭提供理论上的设计图纸，而高凤林就处在将这份设想转化为现实的至关重要的一环，因此，人们将他称为"为火箭焊心的人"。据统计，高凤林为我国火箭焊接过的"心脏"占总数的近四成。听到高凤林的事迹后，你还会在就业时高不成低不就吗？应该抱着一颗知足常乐的心去就业。只要踏踏实实、精益求精，就能在平凡的岗位干出不平凡的事来。

专题六　劳动权利与保障

以"末位淘汰"为由解除劳动合同，是否违法？

劳动者王某2014年9月入职甲公司从事销售工作，双方订立了期限自2014年9月起至2022年8月止的劳动合同，约定每月工资7500元。2019年12月，甲公司销售部门进行竞争上岗，王某因销售业绩不好，在该部门人员总排名中位列倒数第一。2020年2月，公司以王某不能胜任工作为由，通知其解除劳动合同。王某不接受甲公司的处理意见，认为公司的做法不合理，遂申请仲裁要求裁决撤销解除劳动合同决定，双方继续履行劳动合同。

如果将"末位淘汰"绩效管理考核结果与解除劳动关系相挂钩，直接引发解除员工劳动合同，是缺乏法律依据的。原因有二：一是在企业经营发展过程中，员工工作绩效受到多方面因素的影响，用人单位绩效考核中排名末位的员工并不一定就必然不胜任工作，二者不能直接画等号。即便该员工确实不胜任工作，根据法律规定，用人单位也应当为其提供培训或者调整工作岗位，之后如果员工仍然不能胜任工作，用人单位才可以单方解除劳动合同，但需支付经济补偿。二是用人单位采取末位淘汰制辞退员工的做法，本质上是用人单位与员工单方解除劳动合同的行为。根据《中华人民共和国劳动合同法》的规定，用人单位与员工解除劳动合同，必须符合法定的条件、遵循法定的程序，不允许用人单位自行在法律规定以外创设解除条件；而"末位淘汰"并不在《中华人民共和国劳动合同法》规定的用人单位可解除劳动合同的法定条件之列。

(1) 劳动者享有哪些劳动权利？

(2) 单位以"末位淘汰"为由解除劳动合同合法吗？

(3) 当劳动者与用人单位出现争议时，有哪些维护自己劳动权利的方式？

实践任务

表 6-1 为"撰写劳动合同"的实践任务。

表 6-1 撰写劳动合同

项目	内　容	备注
实践主题	撰写劳动合同	
实践目标	1. 了解劳动合同应当具备的条款。 2. 除必备条款外，劳动者和用人单位可以协商约定的其他条款。 3. 在撰写劳动合同过程中，加强学生的法律意识，培养团队合作精神，增强团队成员凝聚力。	
适用对象	全院学生	
组织者	劳动课教师、劳动小组组长	
实践时长	一周	
实践准备	1. 学生自由组队并选出组长，小组人数以 6 人左右为宜。 2. 了解不同的劳动合同类型，掌握劳动合同的相关知识和要求。 3. 了解劳动合同应该明确的事项	
实践过程	1. 根据实践活动要求，小组讨论选取劳动合同类型，根据劳动合同的类型确定劳动合同的具体内容。 2. 明确劳动合同中应当约定的内容、可以约定的内容。 3. 参照同类型劳动合同范本，完善自己制定的劳动合同文本的内容	
实践要求	1. 明确分工、团队协作、发挥主观能动性。 2. 根据劳动合同类型，完整表达劳动合同内容。 3. 制作 PPT，并在班级中进行分享	

任务评价

表 6-2 为"撰写劳动合同"的实践任务评价。

表 6-2 撰写劳动合同的实践任务评价

评价标准	评价等级
小组成员分工明确，劳动合同用语规范、内容完整、约定内容符合法律条文的规定	A
小组成员分工明确，劳动合同用语相对规范、内容相对完整、约定内容相对符合法律条文的规定	B
小组成员分工不太明确，劳动合同用语不太规范、内容不太完整、约定内容不太符合法律条文的规定	C
小组成员分工不明确，劳动合同用语不规范、内容不完整、约定内容不符合法律条文的规定	D

资料导读

一、劳动者的权利

劳动是人们获取生存和生活资料的基本手段，劳动权是公民的一项基本权利。劳动不仅仅表现在它是公民的一项重要人权，而且也是作为公民个体生存与发展的主要手段而被人们所重视。尊重和保护公民的劳动权受到现代法治国家的普遍重视，劳动权为许多国家宪法所规定，并成为国际人权法体系中经济、社会、文化权利的核心。我国从1954年起将劳动权载入宪法，1997年10月签署了《经济、社会和文化权利国际公约》，成为该公约的缔约国之一。我国现行宪法第四十二条规定："中华人民共和国公民有劳动的权利和义务。"这是基于劳动作为保障及促进公民个体和社会共同体的尊严和发展所发出的倡议。

基于维护社会秩序的需要，各国都将劳动权纳入宪法之中，使之成为一项公民的基本权利。从理论上讲，劳动的权利主体本就应该是公民，劳动作为一项法律权利，就需要作为义务主体的国家积极创造条件以满足公民的就业需求，并为之提供就业保障。也就是说，不论是从世界各国的宪法立法来看，或从劳动具有的法律性质来看，把劳动作为公民的一项权利的立法是合理的。作为一个社会个体的我们，耳熟能详的是劳动作为一种公民基本权利的内涵，国家和社会各界都认可公民享有最基本的、满足人类尊严的权利，并以一国最高位阶的法律——宪法的高度来定义这项权利，用最高位阶的效力来保障这项权利，这都可以体现人类精神文明高度的层次。自1949年新中国成立至今，党和国家都把人民的基本权利摆在最高位置，劳动是人民获取生产、生活的来源与基础，所以劳动权可以保障公民获得生存和发展，可以将劳动权界定为一切民主权利的基石。如果无法落实劳动权的保护力度，得不到国家和社会的高度关注，就会直接影响整个社会的生产力发展和社会的安定有序。

劳动权即工作权，是社会经济权利的核心，是基本人权的核心组成部分。对劳动权的理解应包含如下几个方面：第一，权利主体。达到法定年龄，具有劳动能力的公民。第二，义务主体。国家和用人单位。第三，权利依据。一是国内法的规定；

二是我国政府保障公民生存权、承担国际义务的要求。第四，权利的内容。公民有要求国家通过直接或间接的法律法规提供工作机会，并免于失业。作为公民基本权利的劳动权所强调的是国家在保障公民获得工作机会时，担负着积极作为的义务。第五，权利的客体。即劳动机会。

劳动权利主体应该是谁呢？劳动权利主体，一般理解即劳动者。所谓劳动者，如马克思所言，实际上是指有劳动能力的自然人。但是马克思并不认为只要具有一定劳动能力者就应该成为从事现实劳动的劳动者。这是因为除社会条件允许外，劳动者要从事具体劳动，事实上还要受到一系列主体因素的影响，主要包括：一是年龄因素。未成年人不应该从事生产劳动。二是健康因素。主要涉及岗位对健康的特别要求，如一些工作对残疾人、妇女儿童的限制。三是行为自由因素。主要是指劳动者应具备支配其劳动能力所必需的行为自由。"劳动力所有者要把劳动力当作商品出卖，必须是自己的劳动能力、自己人身自由的所有者。"四是智力和能力因素。主要涉及精神健全状况、文化与技术水平高低等。即具备相应主体素质者才能从事某种具体劳动，那么具备相应主体素质者没有成为劳动权利主体，或不具备相应主体素质者却成为劳动权利主体，在一般情况下均不允许。

劳动者就业权是我国宪法赋予劳动者享有的一项主要权利，是法律赋予有劳动能力的公民获得职业并通过劳动取得劳动报酬的一项资格能力。包括劳动者平等就业权，自主择业的权利，获得劳动报酬权利，休息、休假权利，职业教育权利等。而劳动就业权在各项劳动权利中居于首要地位，是劳动者赖以生存的权利。

与劳动者相关的部分法律

（一）就业与择业权利

1. 平等就业权

（1）平等就业权的含义。

平等就业权是平等权与就业权的结合，是就业者有平等地获得和维持就业机会的权利。平等就业权包含三层含义：一是任何公民都平等地享有就业的权利和资格，不因民族、种族、性别、年龄、文化、宗教信仰、经济能力等而受到限制；二是在应聘某一职位时，任何公民都需平等地参与竞争，任何人不得享有特权，也不得对任何人予以歧视；三是平等不等于同等，平等是指对于符合要求、符合特殊职位条件的人，应给予他们平等的机会，而不是不论条件如何都同等对待。

（2）相关法律法规对平等就业权的规定。

《中华人民共和国劳动法》（1994年7月5日第八届全国人民代表大会常务委员会第八次会议通过，根据2009年8月27日第十一届全国人民代表大会常务委员会第十次会议《关于修改部分法律的决定》第一次修正，根据2018年12月29日第十三届全国人民代表大会常务委员会第七次会议《关于修改〈中华人民共和国劳动法〉等七部法律的决定》第二次修正）规定：

第十二条　劳动者就业，不因民族、种族、性别、宗教信仰不同而受歧视。

第十三条　妇女享有与男子平等的就业权利。在录用职工时，除国家规定的不适合妇女的工种或者岗位外，不得以性别为由拒绝录用妇女或者提高对妇女的录用标准。

第十四条　残疾人、少数民族人员、退出现役的军人的就业，法律、法规有特别规定的，从其规定。

《中共中央关于全面深化改革若干重大问题的决定》（简称《全面深化改革决定》）指出：规范招人用人制度，消除城乡、行业、身份、性别等一切影响平等就业的制度障碍和就业歧视。

《中共中央关于全面推进依法治国若干重大问题的决定》（简称《依法治国决定》）进一步指出：依法保障公民权利，加快完善体现权利公平、机会公平、规则公平的法律制度，保障公民人身权、财产权、基本政治权利等各项权利不受侵犯，保障公民经济、文化、社会等各方面权利得到落实，实现公民权利保障法治化。增强全社会尊重和保障人权意识，健全公民权利救济渠道和方式。

为了维护劳动者的平等就业权，反对就业歧视，《中华人民共和国就业促进法》对公平就业作出了规定，具体如下。

第二十五条　各级人民政府创造公平就业的环境，消除就业歧视，制定政策并采取措施对就业困难人员给予扶持和援助。

第二十六条　用人单位招用人员、职业中介机构从事职业中介活动，应当向劳动者提供平等的就业机会和公平的就业条件，不得实施就业歧视。

第二十七条　国家保障妇女享有与男子平等的劳动权利。用人单位招用人员，除国家规定的不适合妇女的工种或者岗位外，不得以性别为由拒绝录用妇女或者提高对妇女的录用标准。

用人单位录用女职工，不得在劳动合同中规定限制女职工结婚、生育的内容。

第二十八条　各民族劳动者享有平等的劳动权利。用人单位招用人员，应当依法对少数民族劳动者给予适当照顾。

第二十九条　国家保障残疾人的劳动权利。各级人民政府应当对残疾人就业统筹规划，为残疾人创造就业条件。用人单位招用人员，不得歧视残疾人。

第三十条　用人单位招用人员，不得以是传染病病原携带者为由拒绝录用。但是，经医学鉴定传染病病原携带者在治愈前或者排除传染嫌疑前，不得从事法律、行政法规和国务院卫生行政部门规定禁止从事的易使传染病扩散的工作。

第三十一条　农村劳动者进城就业享有与城镇劳动者平等的劳动权利，不得对农村劳动者进城就业设置歧视性限制。

第六十二条　违反本法规定，实施就业歧视的，劳动者可以向人民法院提起诉讼。

2. 自主择业权

（1）自主择业权的含义。

自主择业权是指劳动者可以自主选择职业的权利，包括是否从事职业劳动、从事何种职业劳动，进入哪一个用人单位工作等方面的选择权。

"劳动者自主择业"，可以充分调动劳动者就业的主动性和能动性，促进他们发挥就业潜能和提高职业技能，依靠自身努力，自谋职业和自主创业，尽快实现就业。

劳动者享有自主择业权是劳动者人格独立和意志自由的法律体现。劳动者自主择业，有利于充分发挥劳动者的聪明才智和劳动热情，有利于提高劳动效率，有利于建立新型、稳定的劳动关系。

（2）相关法律法规对自主择业权的规定。

《中华人民共和国劳动法》第三条　劳动者享有平等就业和选择职业的权利、取得劳动报酬的权利、休息休假的权利、获得劳动安全卫生保护的权利、接受职业技能培训的权利、享受社会保险和福利的权利、提请劳动争议处理的权利以及法律规定的其他劳动权利。

《中华人民共和国就业促进法》第二条　国家把扩大就业放在经济社会发展的突出位置，实施积极的就业政策，坚持劳动者自主择业、市场调节就业、政府促进就业的方针，多渠道扩大就业。

《就业服务与就业管理规定》第六条　劳动者依法享有自主择业的权利。劳动者年满16周岁，有劳动能力且有就业愿望的，可凭本人身份证件，通过公共就业服务机构、职业中介机构介绍或直接联系用人单位等渠道求职。

3. 创新创业权

党的十九大报告明确指出：要鼓励创业带动就业，提供全方位公共就业服务，要完善多方参与的协商协调机制，构建和谐劳动关系。近年来，在创新创业带动广泛就业的战略驱动下，就业的规范性和充分性均有较大提高。

创新是引领发展的第一动力，是建设现代化经济体系的战略支撑，也是实现高质量发展的必由路径。近年来，我国大众创业、万众创新热潮不断兴起，呈现出聚焦生产领域、技术要素深度融合、成果转化更为活跃、与产业升级结合紧密、创新创业生态更加完善等趋势特征，创新创业与技术创新、效率变革、产业升级和现代化经济体系建设结合得更为紧密，为促进经济增长、提高劳动生产率和全要素生产率提供了有力支撑。

创新创业对于扩大就业、促进新经济发展、支撑新旧动能转换发挥了关键作用。创新创业教育是推进创新型国家建设、培养学生创新精神和实践能力、促进高校毕业生充分就业的重要措施。

为给创新者提供良好的创业环境、降低创业门槛，应当加强创新创业园区、孵化基地、众创空间等青年创新创业载体孵化建设，打通同类孵化载体的升级、转化渠道，引导孵化载体提供公共技术、信息查询、法律政策、教育培训、管理咨询等服务；进一步完善学校、企业、科研院所协同的创新创业人才培养机制，打造创新创业教育特色示范课程；探索实施驻校企业家制度，吸引优秀人才担任创新创业导师，支持建设一批创新创业导师培训基地，定期开展培训；开发适应青年创新创业特点的保险产品，提高创新创业保险覆盖率。

（二）获得劳动报酬权利

1. 薪资报酬协商权

薪资报酬协商权是指劳动者与用人单位依据通过协商确定劳动报酬的形式和水

平的权利。其核心是依法确定劳动者自己劳动的价格。依法是指双方在确定劳动力价格时，不能违背国家法律的规定。世界上大多数国家都规定有最低工资标准，契约自由，在劳动合同中须依法进行。这也是人权保护在劳动法中的体现以及国家对涉及社会公益的干涉。劳动者与用人单位协商确定的劳动力价格不能低于国家的最低工资标准，在此基础上可自由协商确定报酬水平。

薪资报酬协商权在我国法律制度中分两类：一是劳动者个人与用人单位协商制度；二是集体协商。所谓集体协商是指"职工代表与企业代表依法就企业内部工资分配制度、工资分配形式、工资收入水平等事项进行平等协商，在协商一致的基础上，签订工资协议的行为。"（2000年11月18日劳动和社会保障部令第9号《工资集体协商试行办法》第三条），"职工个人与企业订立的劳动合同中关于工资报酬的标准，不得低于工资协议规定的最低标准。"（该法第五条）。劳动者与用人单位协商的劳动报酬不能低于集体协商的标准。在劳动报酬方面，劳动者和用人单位的自由权利受到了社会公平的制约，即国家最低工资标准和集体协商工资标准的制约。

2. 劳资报酬支配权

劳资报酬支配权是指劳动者独立支配管理和处分自己劳动报酬的权利。劳资报酬支配权具有民法物权的属性，即劳动者有权自主地支配处分其劳动报酬，任何人都不能干涉和侵犯。否则，就构成了侵权，由国家法律来调整。从人类历史上看，凡有劳动能力的劳动者，在付出劳动之后，就有获得劳动成果的权利，就有获得劳动报酬的权利，这不仅是作为劳动者的人的生存需要，也是作为劳动者的人权需要，同时也是国家法律体现社会公平和正义的需要。

（三）休息、休假权利

休息休假权是指劳动者在享受劳动权的过程中拥有为了保护自己身体健康和提高劳动效率，根据国家法律和制度的有关规定而享有的一系列休息权和休假权的总称。劳动者的休息休假权是和劳动者的劳动权密不可分的。

我国宪法确认休息休假权的目的就是在于使劳动者的体力和精力得到恢复以便更好地参加劳动。特别是在当今经济发展较快的时刻，经济利益在不断取得巨大成就，那么，加班就成了当今社会劳动者的常态，如"996""007"等现象。在这样的情况下就更需要强制执行法定工时保障劳动者的休息休假权，禁止任意加班加点和延长工作时间，维护劳动者的合法权益，使劳动者有时间参与家庭生活、文化生活、体育活动和社交活动。

1. 享有法定节假日休假

法定节假日，顾名思义，是指法律规定的节日和假日。法定节假日制度是一个国家政治、经济、文化的重要体现，对于一个国家的发展及人民的权利的保障极为重要。

法定节假日不同于一般的民间节假日。首先，制度保障不同。法定节假日是由国家制定或国家认可的，有统一的法律作为保障。而民间节假日一般是由民俗传统积淀而成，是民间约定俗成的，是自发的。其次，国家参与和管理程度不同。法定节假日是由国家制定的，国家通常会制定相应的庆祝、纪念方式并积极参与法定节假日的庆祝纪念活动。而民间节假日国家参与度不高，通常是人民群众自发的庆祝，例如，广西、贵州、云南等地少数民族都有"三月三"的节日习俗，但庆祝方式各有不同。最后，国家重视程度不同。有法律规定的节假日，同时还会有一系列的优惠政策来保障公民在法定节假日的权利，如法定节假日出行免高速公路通行费等。而民间节假日多是具有地域特色，是自发性的，没有统一的法律，当地影响较大，由地方政府制定节日休息时间。

关于我国法定节假日制度，具体包括以下几个方面。

第一，全体公民节日。包括新年、春节、清明节、劳动节、端午节、中秋节、国庆节等共7个节日。除了春节和国庆节放假三天外，其余节日都只休假一天。

第二，部分公民放假的节日及纪念日。这一类是由特定公民享有的，共4个，包括三八妇女节、五四青年节、六一儿童节、八一中国人民解放军建军纪念日。在这四个节日里，只有特定的人群才能休假。除了儿童节不满14岁的少年放假一天外，其余节日休假半天。

第三，少数民族习惯的节日。根据法律的相关规定，少数民族的节日是该少数民族聚居区的地方政府遵循其民族习惯制定的。例如，农历三月初三是壮族的传统节日——歌圩节，广西壮族自治区政府将农历的"三月三"歌圩节制定为广西的法定节假日，并在农历三月初三、初四广西全体公民放假两天。

第四，纪念日。《全国年节及纪念日放假办法》中列举了以下纪念日：二七纪念日、五卅纪念日、七七抗战纪念日、九三抗战胜利纪念日、九一八纪念日、教师节、护士节、记者节、植树节。这些纪念日都不放假。

2. 享有法定休息时间总量

由于近些年经济的飞速发展，超时加班现象成为常态，"过劳死"已不再陌生，由此可见公民休息权已经受到侵犯。这就需要充分保障劳动者的休息权，法定假日的存在就是为了更好地保障公民的休息权利。法定假日的设立从法律角度具体规定了劳动者的休息时间，并在现有框架下形成了每年11天的法定假日制度。在劳动者经历了一段时间工作后，按照法律规定劳动者也应享有公休假。而法定假日与公休日可连休，为劳动者创造一个小长假，使劳动者可以更好地进行休闲、出游释放平时工作的压力，调整状态进行以后的工作。

法定工作时间总量计算公式如下：

年工作日 = 365 天 − 104 天（休息日）− 11 天（法定节假日）= 250 天

季工作日 = 250 天 ÷ 4（季）= 62.5 天

月工作日 = 250 天 ÷ 12 月 = 20.83 天

休息休假时间是劳动者根据法律法规规定，在企业事业单位、机关团体，以及其他组织任职期间内，不必从事生产和工作而自行支配的时间。

休息日标准。休息日又称公休假日，是劳动者满一个工作周后的休息时间。劳动法第三十八条规定，用人单位应当保证劳动者每周至少休息1天。随着《国务院关于修改〈国务院关于职工工作时间的规定〉的决定》（国务院令第174号）的施行，我国职工的休息时间标准为工作5天、休息2天。该决定同时规定，国家机关、事业单位实行统一的工作时间，星期六和星期日为周休息日；企业和不能实行国家规定的统一工作时间的事业单位，可以根据实际情况灵活安排周休息日。

3. 享有法定年休时间

快节奏的都市生活使社会竞争与工作压力增大，公司员工时刻紧绷无法放松，不可避免地造成劳动生产率下降，难以保证工作质量。而带薪年休假是一种给员工放松的好机制，劳逸结合会提高员工对工作和生活的满意度。在单位，不能缺乏人文关怀，要使员工时刻保持工作热情，真正热爱工作，愿意付出，这都离不开休闲的调节。通过带薪年休的改善可以使员工在缓解压力的同时生活得到保障。

《职工带薪年休假条例》第二条规定："机关、团体、企业、事业单位、民办非企业单位、有雇工的个体工商户等单位的职工连续工作1年以上的，享受带薪年休假（以下简称年休假）。单位应当保证职工享受年休假。职工在年休假期间享受与正常工作期间相同的工资收入。"根据该条规定，年休假的适用范围包含了机关、团体、企业、事业单位、民办非企业单位、有雇工的个体工商户等单位的职工。简单地说，就是每一位当前有工作的人，无论是企业的正式职工还是受雇于小吃店的服务员，只要连续工作1年以上，都应该享受年休假。

《职工带薪年休假条例》第三条　职工累计工作已满1年不满10年的，年休假5天；已满10年不满20年的，年休假10天；已满20年的，年休假15天。国家法定休假日、休息日不计入年休假的假期。

第四条　职工有下列情形之一的，不享受当年的年休假：

（一）职工依法享受寒暑假，其休假天数多于年休假天数的；

（二）职工请事假累计20天以上且单位按照规定不扣工资的；

（三）累计工作满1年不满10年的职工，请病假累计2个月以上的；

（四）累计工作满10年不满20年的职工，请病假累计3个月以上的；

（五）累计工作满20年以上的职工，请病假累计4个月以上的。

《中华人民共和国民法典》第八条　民事主体从事民事活动，不得违反法律，不得违背公序良俗。

（四）职业教育权利

1996年5月15日第八届全国人民代表大会常务委员会第十九次会议通过《中华人民共和国职业教育法》，2022年4月20日第十三届全国人民代表大会常务委员会第三十四次会议修订。《中华人民共和国职业教育法》第五条规定：公民有依法接受职业教育的权利。劳动法第三条包含劳动者有"接受职业技能培训的权利"的相关规定。

1. 职业培训

为培养和提高劳动者从事各种职业所需要的知识和技能而进行的教育和训练称为职业培训，亦称职业教育。职业培训是国民教育的一个重要组成部分，它同普通教育既有联系，又有区别。两者都是开发智力、培养人才，但是职业培训是直接培养劳动者，使其掌握从事某种职业的必要的专门知识和技能。

现代化的企业广泛采用机器和机器体系生产，工艺技术十分严密，劳动者不但需要熟练地掌握操作技能，而且需要深刻地理解专门知识。因此，培训和提高劳动者的知识和技能，是发展社会生产力的客观要求。

在社会主义条件下，加强职业培训有利于加速培养技术业务骨干和熟练工人，以满足国民经济发展对专门人员的需要；有利于提高劳动者的文化素质和技术水平，促进劳动生产率和经济效益的提高。

（1）职业培训含义。

职业培训，也称职业技能培训，是指对准备就业和已经就业的人员，以开发其职业技能为目的而进行的技术业务知识和实际操作能力的教育和训练。其含义：①是一种以劳动者为特定对象的劳动力资源开发活动；②是一种以直接满足社会、经济发展的某种特定需要为目的的定向性培训；③是按照国家职业分类和职业技能标准进行的规范性培训。

（2）职业培训对象。

职业培训的对象是劳动者，是劳动法意义上的劳动者。在这里，劳动者是广义的，既包括即将成为工薪劳动者的人（谋求职业的人），也包括已经成为劳动关系一方当事人的劳动者。前者可以是具有劳动能力的人，也可以是尚未具有劳动能力的人（如技工学校的学生）。

（3）职业培训目的。

职业培训的目的是开发受训者的职业技能，是使受训者获得或提高某个方面的职业技能，而不是培训受训者的文化水平。当然，有些与文化素质教育有联系的职业培训方式（如职业技术学校培训方式），在职业培训的同时也进行高中阶段的文化课程教学，但这只是职业培训与普通教育相结合的事物，并不改变职业培训的目的。

（4）职业培训内容。

职业培训的内容是指技术业务知识和实际操作能力。受训者经过职业培训，获得谋求职业或保障职业安定必需的技术业务知识和实际操作能力。劳动者的职业素质取决于职业培训的程度，劳动者劳动权的实现在很大程度上与所受职业培训的程度有关。综上所述，职业培训在对象、目的和内容上，与普通教育都不相同。但是，职业培训和普通教育都是国民教育的组成部分，一个合格的劳动者既要有良好的文化水平，也应有精湛的职业技能。鉴于此，各国劳动法一般都将职业培训列为一项重要的法律制度。我国劳动法第六十六条至六十九条也对职业培训作了相关规定。

（5）职业培训制度。

劳动法规定，国家通过各种途径，采取各种措施，发展职业培训事业，开发劳动者的职业技能，提高劳动者素质，增强劳动者的就业能力和工作能力。国家为培养和提高从事各种职业的人们所需要的技术业务知识和实际操作技能，制定法律规范，它涉及的对象有工人、农民、各种技术人员和管理人员，以及将要参加工作和已经参加工作的人员。其中，培训技术工人的制度，主要通过学徒、技工学校和在职工人技术培训等方式实行。

（6）职业培训法律。

《中华人民共和国职业教育法》第五条　公民有依法接受职业教育的权利。

劳动法第三条　劳动者享有平等就业和选择职业的权利、取得劳动报酬的权利、休息休假的权利、获得劳动安全卫生保护的权利、接受职业技能培训的权利、享受社会保险和福利的权利、提请劳动争议处理的权利以及法律规定的其他劳动权利。

劳动法第五条　国家采取各种措施，促进劳动就业，发展职业教育，制定劳动标准，调节社会收入，完善社会保险，协调劳动关系，逐步提高劳动者的生活水平。

劳动法第八章　职业培训

第六十六条　国家通过各种途径，采取各种措施，发展职业培训事业，开发劳动者的职业技能，提高劳动者素质，增强劳动者的就业能力和工作能力。

第六十七条　各级人民政府应当把发展职业培训纳入社会经济发展的规划，鼓励和支持有条件的企业、事业组织、社会团体和个人进行各种形式的职业培训。

第六十八条　用人单位应当建立职业培训制度，按照国家规定提取和使用职业培训经费，根据本单位实际，有计划地对劳动者进行职业培训。从事技术工种的劳动者，上岗前必须经过培训。

依据教育法和劳动法制定的《职业教育法》，明确了各级各类职业学校教育和各种形式的职业培训并举的职业教育体系，确立了职业教育多元化办学发展方针，提供了发展职业教育的保障条件，是一部全面规范职业教育活动的法律。

2. 职业继续教育

（1）相关法律法规对职业继续教育的规定。

《中华人民共和国教育法》第四十一条　从业人员有依法接受职业培训和继续教育的权利和义务。国家机关、企业事业组织和其他社会组织，应当为本单位职工的学习和培训提供条件和便利。

第四十二条 国家鼓励学校及其他教育机构、社会组织采取措施，为公民接受终身教育创造条件。

《专业技术人员继续教育规定》（经2015年8月3日人力资源社会保障部第70次部务会讨论通过，自2015年10月1日起施行。）

第一条 为了规范继续教育活动，保障专业技术人员权益，不断提高专业技术人员素质，根据有关法律法规和国务院规定，制定本规定。

第二条 国家机关、企业、事业单位以及社会团体等组织（以下称用人单位）的专业技术人员继续教育（以下称继续教育），适用本规定。

第三条 继续教育应当以经济社会发展和科技进步为导向，以能力建设为核心，突出针对性、实用性和前瞻性，坚持理论联系实际、按需施教、讲求实效、培养与使用相结合的原则。

第四条 用人单位应当保障专业技术人员参加继续教育的权利。专业技术人员应当适应岗位需要和职业发展的要求，积极参加继续教育，完善知识结构、增强创新能力、提高专业水平。

第五条 继续教育实行政府、社会、用人单位和个人共同投入机制。国家机关的专业技术人员参加继续教育所需经费应当按照国家有关规定予以保障。企业、事业单位等应当依照法律、行政法规和国家有关规定提取和使用职工教育经费，不断加大对专业技术人员继续教育经费的投入。

第六条 继续教育工作实行统筹规划、分级负责、分类指导的管理体制。人力资源社会保障部负责对全国专业技术人员继续教育工作进行综合管理和统筹协调，制定继续教育政策，编制继续教育规划并组织实施。县级以上地方人力资源社会保障行政部门负责对本地区专业技术人员继续教育工作进行综合管理和组织实施。行业主管部门在各自职责范围内依法做好本行业继续教育的规划、管理和实施工作。

（2）劳动者享有继续教育权利。

继续教育，是指对在职专业技术人员进行知识和技能更新、补充、拓展和提高，完善其知识结构，提高专业技术水平和创新能力的教育。继续教育是人类社会发展到一定历史阶段出现的教育形态，是教育现代化的重要组成部分。在科学技术突飞猛进、知识经济已见端倪的今天，继续教育越来越受到人们的高度重视，它在社会发展过程中所起到的推动作用，特别是在形成全民学习、终身学习的学习型社会方面所起到的推动作用，越来越凸显。

为保障专业技术人员接受继续教育的权利，促使用人单位履行继续教育责任，提高专业技术人员的综合素质和能力，适应社会发展和经济建设的需要，根据《中华人民共和国教育法》《中华人民共和国科学技术进步法》等有关法律、行政法规的规定，各类企业、事业单位的专业技术人员享有继续教育的权利。

作为劳动者的专业技术人员享受下列权利：

一是每年接受继续教育的时间累计一定的学时（学时由于地区和行业不同而不同）；

二是接受继续教育期间享受与本单位在岗工作人员同等的工资、福利待遇（与本单位另有约定的除外）；

三是有权就侵害其接受继续教育权利的行为向所在单位的行政主管部门或人力资源和社会保障行政主管部门提出申诉或申请仲裁。

专业技术人员接受继续教育，应当服从所在单位的安排，完成学习任务，按照约定承担继续教育费用，达到约定服务时限要求。

二、劳动者的保障

劳动保障是指为保护劳动者的基本权益所采取的一切措施和行为的总和。劳动保障制度是以保障劳动者的合法权益为目的的，这是区别于其他对劳动关系调整的法律制度。

劳动保障的内容是主体的独立人格、法律地位和物质利益。主体的独立人格是获得法律地位的前提，而独立的法律地位又是实现物质利益的前提。一方面，劳动保障要确立和维护劳动者和用人单位的独立人格和法律地位。劳动者要独立于国家、独立于资本、独立于其他任何人，成为能够自由支配自己劳动力、享有自主择业权的主人；用人单位要独立于国家、独立于其他单位，成为能够自主经营，拥有用工自主权的市场主体。另一方面，劳动保障要保障主体的物质利益。维护主体人格和法律地位的目的是实现和保障主体的物质利益。

劳动法规定，国家发展社会保险事业，建立社会保险制度，设立社会保险基金，使劳动者在年老、患病、工伤、失业、生育等情况下获得帮助和补偿。社会保险基金按照保险类型确定资金来源，逐步实行社会统筹。用人单位和劳动者必须依法参加社会保险，缴纳社会保险费。劳动者在下列情形下，依法享受社会保险待遇：退休；

患病、负伤；因工伤残或者患职业病；失业；生育。

劳动者死亡后，其遗嘱依法享受遗嘱津贴。劳动者享受社会保险待遇的条件和标准由法律、法规规定劳动者享受的社会保险金必须按时足额支付。国家鼓励用人单位根据本单位实际情况为劳动者建立补充保险。国家提倡劳动者个人进行储蓄性保险。国家发展社会福利事业、兴建公共福利设施，为劳动者休息、休养和疗养提供条件。用人单位应当创造条件，改善集体福利，提高劳动者的福利待遇。

国家为了进一步保障劳动者的权利，还制定了相关的法律法规：《中华人民共和国劳动法》《中华人民共和国劳动合同法》《中华人民共和国社会保险法》《中华人民共和国就业促进法》《中华人民共和国行政处罚法》《中华人民共和国行政许可法》《中华人民共和国未成年人保护法》《中华人民共和国工会法》《中华人民共和国行政复议法》《中华人民共和国行政诉讼法》《中华人民共和国妇女权益保障法》《中华人民共和国职业病防治法》等，来保障劳动者的权利，同时提供解决劳动争议的途径。

（一）劳动安全与健康保障

1. 用人单位的环境与条件

用人单位应当为劳动者提供符合国家职业卫生标准和卫生要求的工作场所环境和条件。

《中华人民共和国劳动法》（1994 年 7 月 5 日第八届全国人民代表大会常务委员会第八次会议通过，根据 2009 年 8 月 27 日第十一届全国人民代表大会常务委员会第十次会议《关于修改部分法律的决定》第一次修正，根据 2018 年 12 月 29 日第十三届全国人民代表大会常务委员会第七次会议《关于修改〈中华人民共和国劳动法〉等七部法律的决定》第二次修正）规定：

第五十二条　用人单位必须建立、健全劳动安全卫生制度，严格执行国家劳动安全卫生规程和标准，对劳动者进行劳动安全卫生教育，防止劳动过程中的事故，减少职业危害。

第五十三条　劳动安全卫生设施必须符合国家规定的标准。新建、改建、扩建工程的劳动安全卫生设施必须与主体工程同时设计、同时施工、同时投入生产和使用。

第五十四条　用人单位必须为劳动者提供符合国家规定的劳动安全卫生条件和

必要的劳动防护用品，对从事有职业危害作业的劳动者应当定期进行健康检查。

第五十五条　从事特种作业的劳动者必须经过专门培训并取得特种作业资格。

第五十六条　劳动者在劳动过程中必须严格遵守安全操作规程。劳动者对用人单位管理人员违章指挥、强令冒险作业，有权拒绝执行；对危害生命安全和身体健康的行为，有权提出批评、检举和控告。

第五十七条　国家建立伤亡事故和职业病统计报告和处理制度。县级以上各级人民政府劳动行政部门、有关部门和用人单位应当依法对劳动者在劳动过程中发生的伤亡事故和劳动者的职业病状况，进行统计、报告和处理。

《中华人民共和国职业病防治法》第四条　劳动者依法享有职业卫生保护的权利。

用人单位应当为劳动者创造符合国家职业卫生标准和卫生要求的工作环境和条件，并采取措施保障劳动者获得职业卫生保护。

工会组织依法对职业病防治工作进行监督，维护劳动者的合法权益。用人单位制定或者修改有关职业病防治的规章制度，应当听取工会组织的意见。

对于工作场所，《中华人民共和国职业病防治法》第十五条 规定产生职业病危害的用人单位的设立除应当符合法律、行政法规规定的设立条件外，其工作场所还应当符合下列职业卫生要求：

（一）职业病危害因素的强度或者浓度符合国家职业卫生标准；

（二）有与职业病危害防护相适应的设施；

（三）生产布局合理，符合有害与无害作业分开的原则；

（四）有配套的更衣间、洗浴间、孕妇休息间等卫生设施；

（五）设备、工具、用具等设施符合保护劳动者生理、心理健康的要求；

（六）法律、行政法规和国务院卫生行政部门关于保护劳动者健康的其他要求。

2. 未成年人及妇女的保护

为保证未成年人和妇女在劳动过程中的安全和健康，国家对其实行特殊劳动保护。由于未成年人和妇女是弱势群体，对于外在环境和其他恶劣的条件，抗压能力较弱，因此国家对于未成年人和妇女实行特殊保护。主要是针对两者的工作环境，对于某些工作环境禁止让他们参与，对于妇女由于特殊的生理，需要补充额外的假期等规定。《中华人民共和国劳动法》《中华人民共和国未成年人保护法》《中华人民共和国妇女权益保障法》等对未成年人和妇女劳动权益的特殊保护都作了具体

规定。

劳动法规定：

第五十八条　国家对女职工和未成年工实行特殊劳动保护。未成年工是指年满十六周岁未满十八周岁的劳动者。

第五十九条　禁止安排女职工从事矿山井下、国家规定的第四级体力劳动强度的劳动和其他禁忌从事的劳动。

第六十条　不得安排女职工在经期从事高处、低温、冷水作业和国家规定的第三级体力劳动强度的劳动。

第六十一条　不得安排女职工在怀孕期间从事国家规定的第三级体力劳动强度的劳动和孕期禁忌从事的劳动。对怀孕七个月以上的女职工，不得安排其延长工作时间和夜班劳动。

第六十二条　女职工生育享受不少于九十天的产假。

第六十三条　不得安排女职工在哺乳未满一周岁的婴儿期间从事国家规定的第三级体力劳动强度的劳动和哺乳期禁忌从事的其他劳动，不得安排其延长工作时间和夜班劳动。

第六十四条　不得安排未成年工从事矿山井下、有毒有害、国家规定的第四级体力劳动强度的劳动和其他禁忌从事的劳动。

第六十五条　用人单位应当对未成年工定期进行健康检查。《中华人民共和国未成年人保护法》（1991年9月4日第七届全国人民代表大会常务委员会第二十一次会议通过；2006年12月29日第十届全国人民代表大会常务委员会第二十五次会议第一次修订通过；2012年10月26日第十一届全国人民代表大会常务委员会第二十九次会议《关于修改〈中华人民共和国未成年人保护法〉的决定》修正；2020年10月17日第十三届全国人民代表大会常务委员会第二十二次会议第二次修订）规定：

第六十一条　任何组织或者个人不得招用未满十六周岁未成年人，国家另有规定的除外。

营业性娱乐场所、酒吧、互联网上网服务营业场所等不适宜未成年人活动的场所不得招用已满十六周岁的未成年人。

招用已满十六周岁未成年人的单位和个人应当执行国家在工种、劳动时间、劳动强度和保护措施等方面的规定，不得安排其从事过重、有毒、有害等危害未成年人身心健康的劳动或者危险作业。

《中华人民共和国妇女权益保障法》（1992年4月3日第七届全国人民代表大会第五次会议通过；2005年8月28日第十届全国人民代表大会常务委员会第十七次会议《全国人民代表大会常务委员会关于修改〈中华人民共和国妇女权益保障法〉的决定》第一次修正；2018年10月26日第十三届全国人民代表大会常务委员会第六次会议《关于修改〈中华人民共和国妇女权益保障法〉的决定》第二次修正）规定：

第二十二条　国家保障妇女享有与男子平等的劳动权利和社会保障权利。

第二十三条　各单位在录用职工时，除不适合妇女的工种或者岗位外，不得以性别为由拒绝录用妇女或者提高对妇女的录用标准。

各单位在录用女职工时，应当依法与其签订劳动（聘用）合同或者服务协议，劳动（聘用）合同或者服务协议中不得规定限制女职工结婚、生育的内容。

禁止录用未满十六周岁的女性未成年人，国家另有规定的除外。

第二十四条　实行男女同工同酬。妇女在享受福利待遇方面享有与男子平等的权利。

第二十五条　在晋职、晋级、评定专业技术职务等方面，应当坚持男女平等的原则，不得歧视妇女。

第二十六条　任何单位均应根据妇女的特点，依法保护妇女在工作和劳动时的安全和健康，不得安排不适合妇女从事的工作和劳动。

妇女在经期、孕期、产期、哺乳期受特殊保护。

第二十七条　任何单位不得因结婚、怀孕、产假、哺乳等情形，降低女职工的工资，辞退女职工，单方解除劳动（聘用）合同或者服务协议。但是，女职工要求终止劳动（聘用）合同或者服务协议的除外。

各单位在执行国家退休制度时，不得以性别为由歧视妇女。

第二十八条　国家发展社会保险、社会救助、社会福利和医疗卫生事业，保障妇女享有社会保险、社会救助、社会福利和卫生保健等权益。

国家提倡和鼓励为帮助妇女开展的社会公益活动。

第二十九条　国家推行生育保险制度，建立健全与生育相关的其他保障制度。

地方各级人民政府和有关部门应当按照有关规定为贫困妇女提供必要的生育救助。

（二）社会保险和社会福利

1. 社会保险

社会保险包括医疗、工伤、失业、养老、生育等。按国家规定各个地方和各个单位的计提比例是一样的，只是社会平均工资不一样。

社会保险是根据立法，由劳动者，劳动者所在的工作单位或社区以及国家三方面共同筹资，帮助劳动者及其亲属在遭遇年老、疾病、工伤、生育、失业等风险时，防止收入的中断、减少和丧失，以保障其基本生活需求的社会保障制度。

社会保险的概念包括了四层含义。

一是参加社会保险制度的成员资格是通过立法确定的。也就是说，在立法指定范围内的每一个劳动者都必须参加社会保险。因此，社会保险带有一定的立法强制性。

二是社会保险强调个人缴费。这种缴费在形式上与商业保险的保险费有某些相似之处，但是，社会保险的缴费是完全建立在自助自保和互助互济基础上的。参加社会保险制度的劳动者通过缴费，获得成员资格，因此有"先尽义务，后享权利"一说。同时，这种权利和义务是对等的，指的是机会上的均等，在遭遇法定范围内的各种风险时，参加社会保险制度的成员都可得到保障基本生活需求的津贴。

三是社会保险强调劳动者、劳动者所在工作单位以及国家三方共同筹资。这体现了国家和社会对劳动者提供基本生活保障的责任。劳动者所在工作单位的缴费，使社会保险资金来源避免了单一渠道，增加了社会保险制度本身的保险系数。而国家的参与，更使社会保险制度有了强大的后盾。

四是社会保险的"保险"具有积极预防的含义。对法定范围之内的风险起到了未雨绸缪的作用，使参加社会保险制度的成员获得心理上的安全感，从而体现了社会保障的稳定机制的作用。

综上所述，我们可以概括出社会保险的六个特点：①组织形式上的强制性。立法限定，强制参加。②个人意义上的自助性。先尽义务，后享权利。③集体意义上的互助性。互助互济，满足急需。④资金来源上的多源性。三方筹资，来源可靠。⑤资金使用上的预防性。预防风险，安全感强。⑥资金管理上的储备性。积蓄增值，源远流长。

社会保险与商业保险是两种不同的保险形式。以盈利性作为标准，将保险区分为社会保险与商业保险。是否盈利,是区分这两种保险的主要标志,但如果做详细分析,它们之间还有许多不同点。可以从社会保险和商业保险的对比中,得出社会保险的特点。

(1)非盈利性。

社会保险是非盈利性保险,它不以盈利为目的,而以实施社会政策为目的。虽然社会保险在运作上也需要借助精确的计量手段,但不能以经济效益的高低来决定社会保险项目的取舍和保障水平的高低。如果社会保险财务出现赤字影响其运作,国家财政负有最终责任。商业保险在财务上实行独立核算,自负盈亏,国家财政不应以任何形式负担其开支需求。

(2)强制性。

社会保险属于强制性保险。所谓强制性是指国家通过立法强制实施,劳动者个人和所在单位都必须依照法律的规定参加。社会保险的缴费标准、待遇项目、保险金的给付标准等,均由国家或地方政府的法律、法规统一规定。劳动者个人作为被保险人一方,对于是否参加社会保险、参加的项目和待遇标准等,均无权任意选择和更改。强制性是实施社会保险的保证。只有这样,才能确保社会保险基金有可靠的来源。而商业保险的投保是自愿的,它遵循的是谁投保、谁受保;不投保、不受保的原则。其险种的设计、保费的缴纳、保险期限的长短、保险责任的大小、权利与义务的关系等均按保险合同的规定实施。一旦合同履行终止,保险责任即自行消除。

(3)普遍保障性。

社会保险对于社会所属成员具有普遍的保障责任。不论被保险人的年龄、就业年限、收入水平和健康状况如何,一旦丧失劳动能力或失业,政府即依法提供收入损失补偿,以保障其基本生活需要,社会保险除了现金支付以外,通常还为劳动者提供医疗护理、伤残康复、职业培训和介绍、老年活动等多方面的服务。保障大多数劳动者的基本生活需要,由此稳定社会秩序,这可以说是实施社会保险的根本目的。而商业保险只是对参加了保险的人提供对等性的经济补偿,它只能部分解决被保险人临时、急迫的困难,弥补其部分损失,不具有普遍保障的功能,也不具备调节收入水平、维护社会公平的职能。

(4)权利与义务的基本对等性。

社会保险待遇的给付一般不与个人劳动贡献直接相关联。享受者要作出贡献,但其享受并不是与其贡献完全一致的。社会保险分配制度是以有利于低收入阶层为原则的。因为同样的风险事故，对于低收入劳动者所造成的威胁通常要高于高收入者。而商业保险则是严格遵循权利与义务对等的原则，这种原则决定，投保人权利的享受是以"多投多保、少投少保、不投不保"作为前提的，也就是说，被保险人享受保险金额的多少，要以投保人是否按期、按数量缴纳了合同所规定的保费以及投保期限的长短为依据。保险合同一旦期满，保险责任自行终止，权利与义务的关系也不复存在。

2. 社会福利

社会福利有广义和狭义的理解。广义的社会福利是指面对广大社会成员并改善其物质和文化生活的一切措施，是社会成员生活的良好状态；狭义的社会福利是指向困难群体提供的带有福利性的社会支持，包括物质支持和服务支持。以狭义的社会福利为参照，我国政府提出发展适度普惠型社会福利的说法，其中既包含物质性福利，也包括社会福利服务。

社会福利是现代社会广泛使用的一个概念。人们根据各自的立场和目的给予这个概念以不同的解释。根据日本学者的解释，社会福利"泛指解决有关'福利'问题的各种社会方法和政策"。但是，仅仅作这样的解释是不足以帮助我们掌握社会福利的意义和价值的。因为，福利也涉及人们的主观感受和实际的生活状态，并且和各种社会事项相联系。

福利首先是同人的生活幸福相联系的概念。在英语里，"福利"是 welfare，它是由 well 和 fare 两个词合成的，意思是"好的生活"。但是，什么是"好的生活"却是一个仁者见仁、智者见智的事情。它既可以指物质生活的安全、富裕和快乐，也可以是精神上、道德上的一种状态。社会福利还与社会政治相关联，既被看作是一种国家治理的状态，又被看作是调整社会关系的手段。所以，"福利不单单表现为心情等主观因素，而是作为一个人主动追求人间幸福生活权利的基础、机会和条件，以及在日常生活中所作的各种必要的努力。"

从一般抽象的意义来说，福利就是能使人们生活幸福的各种条件。它既包括人的身体应得到的保护和照顾，也包括影响人的智力和精神自由发展的各种因素。而作为"社会福利"就更超出了个人的范畴，要求人们在"社会"的层面上来考虑和解决如何使人能够过上一种"好的生活"。它涉及社会根据什么来帮助人们生活得幸福，需要通过什么样的制度和政策来保证他们生活得幸福。

社会福利是指国家依法为所有公民提供旨在保证一定生活水平和尽可能提高生活质量的资金和服务的社会保障制度。一般社会福利，主要是指社会服务事业及设施。

（1）分类。

单一分类：综合性社会福利。

二分法：①剩余性社会福利、财政福利、职业福利；②制度性社会福利，工业成就——表现模式和制度再分配模式。

三分法：①剩余性社会性福利与制度性社会福利；②积极的社会福利与消极的社会福利；③公共福利与私人福利。

（2）特点。

一般来讲社会福利制度具有四个特点。

①社会福利是社会矛盾的调节器。每一项社会福利计划的出台总是带有明显的功利主义目的，总是以缓和某些突出的社会矛盾为终极目标。

②社会福利的普遍性。社会福利是为所有公民提供的。

③利益投向呈一维性。即不要求被服务对象缴纳费用，只要公民属于立法和政策划定的范围之内，就能按规定得到应该享受的津贴服务。

④社会福利相较于社会保险而言是较高层次的社会保障制度。它是在国家财力允许的范围内，在即定的生活水平的基础上，尽力提高被服务对象的生活质量。

（3）类型。

①享受对象类社会福利。其可分为以下几种类型：为全体社会成员提供的公共福利；为本单位、本行业从业人员及其家属提供的职业福利；专为老年人提供的老年福利；为婴幼儿、少年儿童提供的儿童福利；为妇女提供的妇女福利；为残疾人提供的残疾人福利。

②普遍性社会福利。以普遍性为基础，体现普遍性社会原则，倾向于不加区别地给群体或某些社会群体的所有成员提供相同的福利待遇。

其优点：保障人群广泛，防患于未然；操作简便，行政成本低；促进社会整合，降低社会矛盾；降低"贫困烙印"。

其缺点：福利开支巨大，增加了政府的财政负担，不利于经济领域的扩大再生产；效率和效果难以保证，会导致福利资源的浪费，可能造成福利依赖。

③选择性社会福利。以选择性为基础，体现特殊社会关照原则，社会应首先关照社会特困人群。

其优点：提高社会政策行动效率，避免或降低福利资源的无效使用；降低政府的财政负担，也能保证经济上的扩大再生产顺利进行；降低普通人对福利的依赖；专门针对困难者的福利供给，可以收到较好的再分配效果。

其缺点：行政成本高；可能导致福利资源的无效使用，以及一些真正需要帮助的人被排除在外；较难避免"贫困烙印"现象，给受助者带来污名；操作复杂。

④形式类社会福利。其一般包括现金援助和直接服务。现金援助通过社会保险、社会救助和收入补贴等形式实现；直接服务通过兴办各类社会福利机构和设施实现。其主要内容有医疗卫生服务、文化教育服务、劳动就业服务、住宅服务、孤老残幼服务、残疾康复服务、犯罪矫治及感化服务、心理卫生服务、公共福利服务等。服务对象包括老年人、残疾人、妇女、儿童、青少年、军人及其家属、贫困者，以及其他需要帮助的社会成员和家庭等。服务的形式有人力、物力、财力的帮助，包括国家、集体、个人兴办的社会福利事业的收养、社区服务、家庭服务、个案服务、群体服务等。

（4）发展。

中华民族在历史上早已形成扶贫济困、敬老助残的社会风尚和道德观念。先秦儒家提出了"使老有所终""鳏寡孤独废疾者，皆有所养"（《礼记·礼运》）等思想和主张，对中国福利思想的产生有积极影响。清朝末年发生的资产阶级改良主义的维新运动，宣扬西方资产阶级自由、平等、博爱、民权的进步思想，西方的福利思想和福利主张开始在中国传播。中国资产阶级民主革命的伟大先驱孙中山，把实现社会福利制度的理想通过自己的政治主张和革命实践表现出来。辛亥革命后，中华民国临时政府设置了内务部，掌管赈灾、救贫、慈善等社会救济和社会福利工作。政府、私人和外国教会办的救济福利事业，带有恩赐观点和人道主义思想。中国共产党成立以后，领导了工农运动，促进了劳动保护、劳动保险、救助贫困、保护妇女儿童等方面的福利思想的发展。在革命根据地则形成了一套以全心全意为人民服务为宗旨的关心人民群众生活的福利思想。

西方古巴比伦王国《汉谟拉比法典》强调保护孤寡，犹太教、基督教等教派宣扬博爱、助人、公平的宗教教义，都包含了福利思想。中世纪的欧洲，出现了以宗教为主要形式的私人慈善机构和组织，专门从事救济贫民的工作。1601年，英国颁布《伊丽莎白济贫法》，开始以立法形式对贫民实施救济。18世纪中叶以后，西方国家的工业化、城市化、社会分工专业化的进程加快，随之带来了贫穷、伤残、失业、犯罪等日益严重的社会弊病，劳资冲突等社会矛盾大大加剧。家庭、私人慈善组织、社会团体已无力解决与日俱增的社会问题和福利需求。资产阶级经济学家、社会学家开始寻找产生社会弊病的原因和解决办法。19世纪初，空想社会主义者C. H. 圣西门、C. 傅里叶、R. 欧文等设计并亲自实践了一系列社会改革的方案，试图建立平等、幸福、和谐的理想社会，提出了改善劳工待遇、增进社会福利、消灭贫穷等主张。18~19世纪的社会福利工作受自由主义的影响，认为贫困是个人无能和懒惰所致，应由个人负责，国家不负担救济和帮助贫穷者的责任和义务，私人可以举办社会救济和社会福利而不受国家干预。19世纪末20世纪初，慈善组织运动发展成为推行社会福利的主要机构。英国于1869年和1884年先后建立了"慈善机构联合会"和托因比服务所；1886年美国建立了邻里协会。这些慈善团体和社区睦邻组织的建立，标志着慈善事业开始向社会化、制度化发展，社会福利开始被列入社会制度和社会政策的范畴。英国统计学家C. 布思在《伦敦居民的生活与劳动》（1891—1903）一书中提出，国家有责任通过抚养病人、老年人、残疾人及儿童，使他们摆脱就业竞争；有责任保障有生存能力者的生活。此后，逐渐形成国家应保障最低国民生活水平的福利观念。工人运动的蓬勃发展，有力地促使国家干预社会福利。政府开始介入对贫穷、失业、疾病等问题的处置，以广泛的社会福利规划和措施提供基本经济保障和社会服务，成为近代社会福利制度的基石。

（5）制度。

中国的社会福利制度在中国共产党领导的革命战争时期，社会福利工作主要为战争服务，表现为优待革命军人家属、烈士家属、残疾军人。在中华人民共和国建立初期，为了医治战争创伤，根除贫困的根源，社会福利工作主要是以救济为主的救济性福利事业，改造了各类慈善团体和救济机构，设立生产教养机构，收养无依无靠、丧失劳动能力、无法维持生活的孤老残幼；开展贫苦农民、城市贫民和残疾人的生产自救工作。20世纪50年代中期以后，国家和社会通过兴办各种形式的福利工厂，为残疾人提供广泛的就业机会；制定一系列扶持政策，保护残疾人充分行使劳动的权利；通过兴办各类福利设施，为孤老残幼等提供社会救济和福利服务；通过兴办各项社会事业，发展公共福利和集体福利，满足全体社会成员在物质生活和精神生活上的福利需求。1979年以后，中国的社会福利制度进一步完善、发展，逐步形成了具有中国特色的福利制度。在《中华人民共和国国民经济和社会发展第七个五年计划》中明确提出，要有步骤地建立起具有中国特色的社会保障制度雏形。作为社会发展指标之一的社会福利工作，在保护和促进生产力的发展、缓解社会矛盾、稳定社会秩序、调解人际关系方面，越来越起到社会稳定机制的作用。中国制定社会福利政策的原则是：从国家的国情、国力出发，按照有利生产、保障生活的原则，有步骤地完善和发展。现阶段中国社会福利工作的内容包括：①公共福利和集体福利事业。主要有劳动保险、医疗保健、妇幼保护及文化、教育、娱乐等公共福利设施。②优抚对象的福利。指对荣誉军人、退伍军人、残疾军人提供医疗、休养、康复、安置等多项社会服务和福利服务。③儿童福利事业。主要有儿童保护，孤儿照料，残疾儿童的收养、医疗、康复、教育，失足青少年教育。④老年人福利事业。通过兴办社会福利院、敬老院、老年公寓、老年活动中心、老年康复中心等福利设施，为老年人（包括孤寡老人）提供免费或低收费的福利服务。⑤残疾人福利事业。为残疾人提供就业、教育、康复、文化娱乐的条件和设施，生产残疾人使用的各种假肢和特殊用具，以及提高残疾人的社会地位等。

西方国家。1883年，德国俾斯麦政府颁布《疾病保险法》，用法律的形式把国家的社会福利政策和社会责任固定下来。此后50年内，大多数欧洲国家相继采取社会保障立法和措施。1942年，英国社会福利专家W.H.贝弗里奇领导的社会保险和联合事业部际委员会发表《社会保险和有关的福利问题》的报告，提出社会应保障人人享有免于贫困、疾病、愚昧、污染和失业的自由权利，根据这一思想，英国工党政府先后通过和实施了《家庭津贴法》（1945）、《社会保险法》（1946）、《国民健康服务法》（1946）、《国民救济法》（1948）等社会福利法案，推行高增长、高消费、高福利政策，主张政府对全部社会福利负责。1948年，英国宣布建成"福利国家"。西欧、北欧以及美洲等发达资本主义国家相继仿行。"福利国家"是西方发达国家政府干预经济生活，通过税收政策重新分配国民收入的一种社会福利政策。它把国家对部分人的社会责任变为全体人民的权利，把消极的救助变为积极的预防，在一定程度上促进了社会福利的发展。20世纪70年代爆发世界性经济危机，

"福利国家"愈来愈感到政府已无力负担日益沉重的巨额福利开支,不得不调整政策,削减福利费用,主张政府部门、社会团体、私人合办福利事业,强调社区和家庭的作用。

发展中国家。贫穷的发展中国家受社会经济发展水平的限制,社会福利事业难以全面展开。这些国家的社会福利主要是社会救助,表现为救济性质。除政府向贫民发放有限的救济款物外,主要采取积极鼓励、赞助宗教慈善团体和其他志愿机构的办法,让它们充当社会福利事业的主角。

社会福利的发展趋势。社会福利经历了从消极救治到积极预防、由部分人的社会责任转变为国家和社会的责任的发展历程。它的发展趋势是:将随着社会化程度的进一步提高,越来越为全社会共同关心;在国家的统筹下,日益与经济和社会发展的整体规划相结合,创造有利于社会成员个人与集体发展的社会环境;通过推进社会的现代化,加速科技革命,加强家庭和社区等的功能,进一步改善公共环境卫生,提高人民健康水平,发展国民教育,进行城市改造,增加住宅和公共福利设施,提高全体社会成员的社会生活质量。

(三)劳动争议的处理

劳动争议纠纷在现实生活中很常见,主要是企业与员工之间存在的劳动关系,因为权利与义务之间发生矛盾,产生争执所致。

《中华人民共和国劳动法》第七十七条 用人单位与劳动者发生劳动争议,当事人可以依法申请调解、仲裁、提起诉讼,也可以协商解决。调解原则适用于仲裁和诉讼程序。

这就是我国法律关于劳动争议发生后可供选择的四种典型解决方式。

《中华人民共和国劳动法》第七十九条 劳动争议发生后,当事人可以向本单位劳动争议调解委员会申请调解;调解不成,当事人一方要求仲裁的,可以向劳动争议仲裁委员会申请仲裁。当事人一方也可以直接向劳动争议仲裁委员会申请仲裁。对仲裁裁决不服的可以向人民法院提起诉讼。

劳动争议解决部分相关法律

这条规定明确了劳动争议处理的顺序与过程。

1. 法律法规保障

我国作为劳动力大国，劳动者和用人单位的权益和处理劳务关系一直是国家关注的重点。当企业员工和所在的企业之间发生劳动纠纷时，需要依据我国的相关法律法规来处理，用法律规定保障劳动者或企业各自的合法权益。劳动法规定："解决劳动争议，应当根据合法、公正、及时处理的原则，依法维护劳动争议当事人的合法权益。"以事实为依据，以法律为准绳，在查清案情的基础上，依照劳动法律、法规处理劳动争议。当劳动者与企业之间发生劳动争议，当事人双方的任意一方都可以提起诉讼，由法院进行审理裁决。

（1）处理劳动关系与争议方面。

为正确审理劳动争议案件，根据《中华人民共和国民法典》《中华人民共和国劳动法》《中华人民共和国劳动合同法》《中华人民共和国劳动争议调解仲裁法》《中华人民共和国民事诉讼法》等相关法律规定，结合审判实践，制定本《最高人民法院关于审理劳动争议案件适用法律若干问题的解释》（以下简称《解释》）。

《解释》第一条　劳动者与用人单位之间发生的下列纠纷，属于劳动争议，当事人不服劳动争议仲裁机构作出的裁决，依法提起诉讼的，人民法院应予受理：

第一，劳动者与用人单位在履行劳动合同过程中发生的纠纷；

第二，劳动者与用人单位之间没有订立书面劳动合同，但已形成劳动关系后发生的纠纷；

第三，劳动者与用人单位因劳动关系是否已经解除或者终止，以及应否支付解除或者终止劳动关系经济补偿金发生的纠纷；

第四，劳动者与用人单位解除或者终止劳动关系后，请求用人单位返还其收取的劳动合同定金、保证金、抵押金、抵押物发生的纠纷，或者办理劳动者的人事档案、社会保险关系等移转手续发生的纠纷；

第五，劳动者以用人单位未为其办理社会保险手续，且社会保险经办机构不能补办导致其无法享受社会保险待遇为由，要求用人单位赔偿损失发生的纠纷；

第六，劳动者退休后，与尚未参加社会保险统筹的原用人单位因追索养老金、医疗费、工伤保险待遇和其他社会保险待遇而发生的纠纷；

第七，劳动者因为工伤、职业病，请求用人单位依法给予工伤保险待遇发生的纠纷；

第八，劳动者依据劳动合同法第八十五条规定，要求用人单位支付加付赔偿金发生的纠纷；

第九，因企业自主进行改制发生的纠纷。

《关于确立劳动关系有关事项的通知》规定：用人单位与劳动者形成事实劳动关系的，用人单位应当与劳动者补签劳动合同，劳动合同期限由双方协商确定。协商不一致的，任何一方均可提出终止劳动关系。

（2）劳动关系的争议处理。

解决劳动争议主要适用的途径有和解、调解、仲裁、诉讼等。不同的途径均具备法律特征和效力。

和解：由当事人双方自行达成解决矛盾问题的约定，通过协商在法律允许的范围内相互让步或其中一方让步，达到解决问题的目的，和解后当事人仍然有申请仲裁或起诉的权利。

调解：由第三者居间调和，通过疏导说服促使当事人互谅互让，达到解决纠纷的目的，分为诉讼或仲裁中调解与诉讼或仲裁外调解，两者都具有不同的性质和法律特征。

仲裁：这是在解决劳动争议中很重要的手段，具备调解的灵活快捷，也具有可强制执行的特点。在某件劳动争议中，双方当事人发生争议前约定或在争议发生后协商、依据法律法规，将争议自愿交由无利害关系的第三人或机构依法进行裁决。

诉讼：经过申请仲裁，对劳动争议仲裁委员会的裁决不服而向法院提起诉讼，由人民法院按照司法程序对劳动争议案件进行审理。劳动争议起诉条件是已经过劳动争议仲裁委员会仲裁，对裁决不服，可自收到仲裁裁决书之日起15日内提起诉讼。须根据《中华人民共和国劳动法》和《中华人民共和国民事诉讼法》等相关法律规定，进行劳动争议案件处理。

2. 工会调解

工会主要作用于平衡劳资关系双方的力量，改善劳动者的劳动和生活条件，通过三方协调等社会对话机制建立社会伙伴关系，为成员谋求工资、就业、安全保障等经济利益。

以劳动争议调解仲裁法为基础建立劳动争议调解制度，在企事业单位设立的调解委员会，其主要组成的成员有劳动者代表、企业行政代表和工会代表三方人员构成，以现行的《企业劳动争议调解委员会组织及工作规则》为依据，进行纠纷调解工作。调解委员会的成员在工作过程中应当保持中立性，平等地对待双方当事人，调解人员应具备较高的法律专业素养和沟通能力。劳动者可以以书面方式或口头方式提出申请。在实施过程中主要从方便劳动者的角度出发，以使调解更加高效便捷，工作人员素质不断提高，是调解能够真正发挥作用的有效保障。

调解不同于仲裁和诉讼。首先，它是在双方当事人自愿的基础上进行的，调解协议充分体现了当事人的个人意愿；其次，仲裁和诉讼都要求在查明事实的基础上严格依法判决，调解则是当事人达成的调解协议只要没有违反法律规定即可以正常进行；最后，调解的程序要求相对简单，而仲裁与诉讼的程序有严格的要求。

3. 劳动仲裁

我国的劳动争议仲裁机构是劳动争议仲裁委员会，它在仲裁中扮演的是中立的第三方角色，为双方当事人解决争议而服务，并兼有司法和行政属性。劳动争议仲裁程序包含当事人申请、仲裁机构受理和作出裁决三个主要部分。

依据《中华人民共和国劳动争议调解仲裁法》（下文简称《劳动争议调解仲裁法》）的相关规定，我国劳动争议的范围包括劳动者与用人单位之间发生相关劳动关系的纠纷、执行劳动合同产生的纠纷、执行工作产生相关费用的纠纷。这些纠纷的任何一方主体都是劳动争议当事人，任何一方权利义务的分配都受到劳动争议仲裁机制的影响。

根据《劳动争议调解仲裁法》第二十七条　劳动争议申请仲裁的时效期间为一年。仲裁时效期间从当事人知道或者应当知道其权利被侵害之日起计算。

也就是说，当事人在此期间内，可以向劳动争议仲裁机构申请仲裁，但如果未在法定期间内申请，且无不可抗力或其他正当理由，又不属于法律规定的例外情况的，则丧失申请仲裁的权利。劳动争议仲裁委员会应当依据管辖权的相关规定审查该纠纷是否属于其管辖范围，不属于其管辖的，可以将案件移送至有管辖权的劳动仲裁委处理。劳动争议仲裁委员会经过审查后，对于满足受理条件的案件，予以受理；反之，必须以书面形式告知当事人，并说明理由，上述决定均必须在收到仲裁申请之日起五日内作出。仲裁机构在开庭五日前，应以书面形式把开庭时间、地点告知当事人。仲裁委员会根据查明的事实作出裁决，当事人双方如不在收到裁决书十五日内向人民法院提起诉讼，则该裁决生效，反之，该裁决不生效。

随着改革开放和我国经济迅猛发展，现行的劳动争议处理机制已不能满足现状的要求。应在坚持依法治国的基本理念、建立法治国家的基础上，立足我国国情，充分了解、考查实践经验和人文环境，不断调整和优化劳动争议处理机制。劳动争议的本质是利益和权利冲突，是双方矛盾难以调和的表现。随着社会的发展、市场经济体制改革的深化，劳动者和雇佣者之间的关系也呈现出一些新特点，劳动争议的类型也不断丰富。

专题六：拒发工资，有权索要

专题六：社会保险责任的划分

专题六：乙肝歧视被辞

一、员工性骚扰同事，用人单位可依法解除劳动关系

【案情简介】

梁某潮入职某玩具公司，双方签订了劳动合同。期间，公司女员工刘某报警称多次在公司遭梁某潮强制猥亵，后经公安机关查明属实，梁某潮亦对猥亵的违法行为供认不讳。因此，某玩具公司向梁某潮出具《解除劳动关系通知书》，解除与梁某潮的劳动关系。梁某潮申请劳动仲裁后，不服仲裁裁决并诉至法院，请求某玩具公司支付违法解除劳动关系补偿金。

【司法裁判】

法院经审理认为,公安机关已认定梁某潮的猥亵行为属实,并处以行政拘留。劳动合同明确员工应遵守规章制度,梁某潮的行为侵犯女员工权益,扰乱了公司的管理及经营秩序,属于严重违反用人单位规章制度的行为,公司依法可解除劳动合同关系。据此,法院判决某玩具公司无需支付赔偿金。

【典型意义】

职场性骚扰,既侵犯了他人合法权益,也严重扰乱了用人单位正常生产经营秩序。民法典第一千零一十条明确了用人单位制止性骚扰的义务。对于员工实施职场性骚扰的,用人单位有权依法解除与加害人的劳动关系,无需支付赔偿金。

二、内部经营管理方式的改变不影响独立用工主体地位

【案情简介】

张某2017年入职某快递公司,双方没有签订劳动合同。2019年6月,张某提出辞职,以工资未结清为由向劳动部门申请调解,张某仍在原站点工作,直至同年9月15日在派件时猝死。张某的妻子提起劳动仲裁,请求确认张某与快递公司自2017年入职起至2019年9月15日期间存在劳动关系,获裁决支持。快递公司不服,向法院起诉称案涉快递站点已承包给第三人向某,张某辞职后在向某承包的范围内工作,与公司不再存在劳动关系。向某称其与张某均是快递公司的员工,自己没有给张某发过工资。

【司法裁判】

法院经审理认为,张某辞职后工作地点和内容没有明显变化,快递公司未能举证双方已经实际解除劳动关系。案涉承包合同系以站点代号名义签订,并非公司对外的法律行为。同时,向某的承包站点没有进行工商登记,仍由该快递公司统一运作、结算,不具备用工主体资格。快递公司曾称向某是其员工,结合向某的答辩意见,可确认向某为公司员工的事实。据此可认定向某承包站点收(派)快递的行为属于快递公司内部经营管理方式的改变,该快递公司作为独立用工主体的地位并未改变,张某与某快递公司自2017年入职至2019年9月15日期间存在劳动关系。

【典型意义】

新业态用工呈现劳动关系灵活化、工作方式弹性化等特点,呈现去雇主化、去组织化的趋势,劳动者权益保护面临新挑战。司法裁判要把握实质重于形式的审查

原则，既要支持新业态的多种形式用工，也要对规避用工责任的行为予以规范，引导平台经济规范、健康发展。

三、不服从调配，能否被辞退

【案情简介】

秦某入职某公司从事健身教练工作。双方签订了三年固定期限劳动合同，约定秦某的工作地点为：某公司设立的甲店、乙店、丙店三家健身房。秦某入职后，实际在甲店工作了两年。后由于经营需要，该公司向秦某送达调岗通知，内容为将秦某调整至丙店工作，除调整工作地点外，工作内容、薪资等均无变化，并要求秦某三天内到岗报到。秦某接到该通知后，不同意调岗，于次日向该公司提出事假申请。在其事假申请未获公司批准的情况下，秦某未到丙店报到上班。后该公司两次向秦某送达通知，要求秦某到岗上班，并告知不到岗上班构成旷工，按照公司规章制度规定，公司有权将其辞退。接到通知后，秦某仍未到岗。后该公司向秦某发送解除劳动合同通知书一份，以秦某旷工超过十日，严重违反单位规章制度为由，将秦某辞退。

秦某不服公司的辞退决定，申诉至劳动争议仲裁委员会。仲裁委员会审理后，裁决支持了秦某要求该公司支付违法解除劳动合同赔偿金15 000元的请求。该公司不服裁决结果，遂向法院提起诉讼，请求判令不予支付上述赔偿金。

【司法裁判】

当地法院经审理认为：

就合同约定来看，在双方签订的劳动合同中，已明确约定秦某的工作地点为甲店、乙店、丙店，该约定系双方当事人真实性意思表示。

就调岗内容而言，调整后的工作岗位性质、薪资、级别均未改变，仅是工作地点有所变化，但调岗后的工作地点也位于市区内，岗位的调整并不会给秦某的工作、生活造成重大不利影响。因此该公司对秦某的岗位调整，应当认定为基于企业用工自主权而进行的合理调岗行为。

从解除依据上来看，该公司向秦某两次送达到岗通知书，秦某仍拒绝到岗。该公司在通知书中明确告知秦某，其不到岗行为构成旷工，属于严重违反公司规章制度的行为，公司有权将其辞退。根据《中华人民共和国劳动合同法》第三十九条第二项的规定，在秦某不接受岗位合理调整、连续旷工十日的情况下，该公司可单方解除劳动合同。

从解除程序上来看，该公司的调岗符合合同约定，不违反法律规定，且已就解除事宜告知工会，并向秦某送达解除通知书，程序合法。

综上，该公司依据公司内部的规章制度，以旷工为由解除与秦某的劳动合同，不违反法律规定，秦某要求该公司支付经济赔偿金没有法律依据。

法院最终判决该公司解除劳动合同，无违法之处，无需向秦某支付经济补偿金。秦某不服判决，上诉至中院，二审法院依法判决：驳回上诉，维持原判。

【典型意义】

劳动关系作为一种特殊的民事法律关系，其既遵循自愿、平等、协商一致的基本民事原则，又体现用人单位与劳动者之间管理与被管理的身份关系属性。用人单位基于用工自主权，有权根据经营的需要，依法对劳动者进行管理和工作安排。只要岗位的调整基于用人单位的经营需要，没有对劳动合同约定作出较大变更，没有明显降低劳动者工资标准，岗位的调整不具有侮辱性和惩罚性，且不违反法律、法规的规定，即应被认定为合理的工作安排。如劳动者对岗位调整持有异议，应依法进行维权，而非以不到岗工作的方式进行消极对抗。向用人单位提供劳动是劳动者最基本的义务，旷工当然属于违反单位规章制度的行为，无论单位是否有规章制度的具体规定，长期旷工均应视为严重违反单位规章制度的行为。单位有权依法将违规劳动者予以辞退，且无需支付任何经济补偿或赔偿金。

当然，如果劳动者遭遇不合理调岗，应当搜集好证据，积极拿起法律的武器，维护自身合法权益。

第三篇

专题七　脱离劳动的人生
专题八　不幸人生的警示

专题七　脱离劳动的人生

2020年3月20日，中共中央、国务院发布了《关于全面加强新时代大中小学劳动教育的意见》，这是对一些地方的一些学校教育脱离社会生产劳动实践，闭门造车、纸上谈兵，大搞应试教育，唯分数、唯升学率、唯上名校等偏执的学习教育的警示。

少部分大学生一心只读圣贤书，而忽视了应有的劳动实践，长期这样下去，会导致学生体质下降、眼睛近视、四体不勤、五谷不分、手无缚鸡之力等畸形状态，甚至有的还自私自利，再被一些人宣扬"万般皆下品，唯有读书高"的蛊惑，就看不起基层劳动者，不愿到基层去，不愿干脏活儿、苦活儿、累活儿，说到底是脱离了劳动人民，在就业方面高不成低不就。

个别家庭的孩子，很少参与如洗碗、拖地等家务劳动，认为这些都是父母的活儿，家庭以外力所能及的劳动也常常"贵手不抬"，生活在农村的孩子有的也是养尊处优，家里的农活儿基本不参与。时下，学生学习竞争激烈，很多人认为学习关系未来，其他的很多事可以放一放，认为粗活儿、脏活儿、累活儿就不是做学问人干的，而且在应试教育的大环境里，一些家长也是这个观点，把孩子们宠得不愿干活儿、不会干活儿，贪图享乐。

（1）本案例引发了你怎样的思考？
（2）你认为造成人生悲剧的原因是什么？
（3）你认为怎样才能避免人生的悲剧？

表 7-1 为"调研脱离劳动的人生"的实践任务。

表 7-1 调研脱离劳动的人生

项目	内　容	备注
调研主题	身边脱离劳动的人生的调研	
调研目标	1. 采集数据。通过走访、电子材料查阅、访谈等方式采集身边脱离劳动的数据。 2. 宣传"爱岗敬业、争创一流、艰苦奋斗、勇于创新、淡泊名利、甘于奉献"的劳动模范的精神。 3. 搜集脱离劳动的人生的典型案例	
适用对象	全院学生	
组织者	劳动课教师、劳动小组组长	
调研时长	两周	
调研准备	1. 利用线上、线下（如海报等）方式进行宣传，广泛动员在校学生，充分调动学生参与活动的主动性与积极性。 2. 学生以地域为单位自由组队并选出组长，小组人数以 6~12 人为宜。 3. 统计参与人数，选出工作人员，划分每个小组负责的区域	
调研过程	1. 利用周末或者节假日进行实地踏勘、访谈，要有调研照片、调研视频等支撑材料。 2. 至少召开一次调研交流会，梳理调研情况，形成调研情况清单。 3. 根据调研结果梳理脱离劳动的人生的典型案例，并进行 PPT 展示	
调研要求	1. 要以问题为导向，明确调研目的和实效。 2. 访谈内容记录要详实，最好用录音笔录音。 3. 电子资料等二手资料要确保真实、信息要有公信力，要注明出处	

表 7-2 为"调研脱离劳动的人生"的实践任务评价。

表 7-2 调研脱离劳动的人生的实践任务评价

评价标准	评价等级
小组有切实可行的活动计划，记录活动过程详实完整，典型案例总结详实，有典型代表性	A
小组有切实可行的活动计划，记录活动过程相对详实完整，典型案例总结相对详实，有代表性	B
小组有活动计划，记录活动过程不完整，典型案例总结不详实，较有代表性	C
小组无活动计划，记录活动过程不详细，典型案例总结不详实，无代表性	D

资料导读

一、悲剧人生：错误劳动观念造成人生悲剧

鲁迅先生曾说过："悲剧就是把有价值的东西毁灭给你看！"悲剧是因个人和现实之间不可调和的冲突造成的悲惨结局。这个现实就是客观现实，是个人周围的环境，其往往是不能通过个人的主观意愿来改变。当个人与现实之间发生冲突时，需要及时调整个人的贪婪、嫉妒、怀疑、傲慢、自私，等等。一个人如果没有正面的思维方式，很容易被这些负面的思维方式所左右。《红楼梦》里才貌双全的林黛玉，就是因其多愁善感、犹豫猜忌，最终积郁成疾、呕血而终。

（一）悲剧人生

"人生＝思维方式×劳动×能力"，如果没有正确的人生观和价值观，人生公式中的思维方式即为负值，哪怕是 -1，人生的结果将是负值，即悲剧人生。如《三国演义》里的周瑜，羽扇纶巾，谈笑间，樯橹灰飞烟灭，风流倜傥，文武双全，但最终却被诸葛亮活活气死，性格缺陷导致悲剧人生。再如，罗素曾在《幸福之路》中说，他在少儿时，最爱的歌是"尘世可厌，满载我的罪孽"。五岁时，他曾想，如果他的寿命是七十岁，那现在才仅仅熬过了全程的十四分之一，前路漫漫，无聊烦闷，难以将息。青春时期，憎恶人生的他常常徘徊在自杀的边缘，挽救他的是对数学的钻研。负面情绪导致悲剧人生，正面情绪将罗素从死神的边缘拉了回来。

（二）悲剧人生的主要表现

悲剧人生主要是因为人性的恶造成的，人性的恶需要通过正确的劳动观、正确的人生观来引导，否则，将付出悲惨的代价。但是普通人对意外之才、少年得志、出身豪门等这些情况是很难把控自己的，还有另外两种情况：误入歧途和相伴无亲。如果平时注重修炼自己的性格，调整自己的劳动观、人生观，以上情况还是比较容易避免的。

1. 意外之财

戴翊清在他所著的《治家格言绎义》中对勿贪意外之财做如下绎义:"几品官职,得几品俸金,下多少本资,获多少利息。凡士、农、工、商谋财者不一道,可以类推,若非分所应得即为意外之财,然我之意外之财皆人之意中之财,我无端而贪之,无端而夺之,易地而观,何以为情?故得意外之财必有意外之祸,以逆召逆理有不诬。"戴翊清认为,意外之财必有意外之祸。而有些人却不这么认为,做梦都在想天上会掉馅饼,即使知道砸在自己头上的概率微乎其微,也是朝思暮想,更不会认为,这个馅饼也有可能是陷阱!因此,某某彩民中得了千万大奖、某某朋友老家拆迁补偿款几千万外加N套房子、某某亲戚买股票一夜间挣了几百多万,等等。这些意外之财,每每听到,你会羡慕吗?大多数人都会很羡慕。塞翁失马,焉知非福?意外之才,焉之非祸?假使主角是我们,试问下自己该如何去驾驭和处置这些意外之财呢?

2008年,这个意外之财砸到了打工的陈某——彩票中了1000万大奖,从此就改写了他平静的人生。变成巨富的陈某,买房买车,投资过几个项目,但最终因为投资不善而损失惨重。变成巨富的他,慢慢染上赌博恶习,一场至少输几十万,很快钱输光了。四年之后,他卖掉了房和车。后来因他从信用卡上套现无力偿还,被认定为"老赖",最终被送进了拘留所。如果面对意外之财,不懂得合理处置,不懂得提升自己的修养,那么意外之财迟早也会在肆意挥霍、盲目投资中亏损一空;如果没有正确的劳动观、财富观,做好财富合理分配,也会因为财富分配的问题致使家庭不和,亲人反目,导致生活痛苦不堪!

2. 少年得志

"不经打击老天真"。挫折是一个人走向成熟的必经环节,一个人只有在挫折中才会更好地反思自我,快速成长。少年成名,一夜之间拥有了一切,如果不继续读书,而沉迷名利,放纵欲望,就很容易迷失自我、不能自拔。

少年得志,应该是很多年轻人的梦想。因为谁不想奋斗几年就可以达到大多数人可望不可及的高度呢!每个人的成长就好比地里的庄稼一样,只有一步一个脚印,脚踏实地,才能更加结实,才能承受风吹雨打。反之,拔苗助长,一蹴而就,很容易导致根基不稳,在经受挫折后一蹶不振,反受其害!

曾经有一个神童,三岁时就可以计算100以内的算术,唐诗三百首随手拈来,在当地红极一时。后来某娱乐公司要和他签约,并承诺了不菲的签约费用。神童的父母没有经受住诱惑，就把神童交给娱乐公司包装，然后让他登上各大综艺节目，到处"走穴捞金"，名气更加响亮。由于所到之处要什么有什么的日子过惯了，神童不再愿意努力学习了，只想活在积累的名气和金钱之下。随着年龄的增长，神童的不凡之处慢慢就不再显得那么优秀了。学如逆水行舟，而他一直在"啃"自己仅有的"老本"！再加上互联网的普及，越来越多优秀的人不断涌现，神童终于没落了，没有人再去关注他，签约公司也不再续约，而他却一直走不出众星捧月的生活，在家对父母呼来唤去，花钱仍大手大脚。多年后，大家发现当年的神童原来已经没落到沿街乞讨，靠社会救济生活！这真是一个悲剧，但是又能怪谁呢？物质、金钱、名气的诱惑又岂能是一个懵懂孩童所能抵抗的呢！

另一个耳熟能详的故事就是《伤仲永》：金溪民方仲永，世隶耕。仲永生五年，未尝识书具，忽啼求之。父异焉，借旁近与之，即书诗四句，并自为其名。其诗以养父母、收族为意，传一乡秀才观之。自是指物作诗立就，其文理皆有可观者。邑人奇之，稍稍宾客其父，或以钱币乞之。父利其然也，日扳仲永环谒于邑人，不使学。余闻之也久。明道中，从先人还家，于舅家见之，十二三矣。令作诗，不能称前时之闻。又七年，还自扬州，复到舅家问焉，曰"泯然众人矣。"

王子曰：仲永之通悟，受之天也。其受之天也，贤于材人远矣。卒之为众人，则其受于人者不至也。彼其受之天也，如此其贤也，不受之人，且为众人；今夫不受之天，固众人，又不受之人，得为众人而已耶？

天资那么好的方仲永，也是少年时学业出类拔萃的典型，但没能继续努力，没有受到正常的后天教育，最后也沦为众人。

3. 出身豪门

"未曾清贫难成人""有钱难买少年贫，纨绔子弟少伟男"。人的出身没办法选择，若出身寒门，那就要不断努力奋斗，争取打破命运的枷锁，改变自己的人生。但出身豪门并不意味着不需要努力，而靠继承家产度日。古人有云："穷不过三代，富不过三代"。虽然不那么准确，但一定有它的道理。自古至今寒门子弟多才子，豪门子弟多荒淫！为什么会出现这种现象呢？出身寒门的孩子才更能体会出身之苦，生活艰辛，才更会发奋努力，争取早日"鲤鱼跳龙门"，立志光宗耀祖！而出身豪门的孩子从小衣食无忧，从小就有优越感，自觉高人一等，从而缺失了奋斗的动力和努力的目标！由俭入奢易，由奢入俭难！就是这个道理！

随着知识的普及，素质的提高，现在大多数家庭越来越注重孩子的心性锻炼，不再从小就娇惯孩子，而是教会孩子从小勤俭节约，尊重劳动！这是社会的一大进步！但仍然有的孩子会迷失于自己豪门的身份，家庭又缺乏管教和引导，生活极尽奢靡，衣来伸手饭来张口，从来没有也不会考虑不劳而获长期带来的弊端，以及对自己人生的影响！曾经某综艺节目就深入讲述了寒门和豪门家庭孩子的差距和区别，为什么要把孩子送到农村去体验生活呢？他们不识五谷，不尊重劳动，看不起他人，长此以往，总有一天会付出沉重的代价！电视剧《扫黑风暴》中的孙兴就是一个典型的例子，父母缺乏管教，用物质、金钱、权势去弥补缺失的爱，导致孙兴养成了残暴、凶横的性格，对法律和他人生命的随意践踏，最终落得一个悲惨的下场！

4. 误入歧途

观念错位，没有形成正确的世界观、人生观、价值观、劳动观，会使人误入歧途。例如，焦虑、忧虑、嫉妒、恶意竞争、受害妄想、网络恐惧等都会让人感到不幸福，如果不能及时调整，将会造成悲剧的人生。嫉妒其实是人类情感中最普遍、最根深蒂固的一种。未满周岁的孩子就已经流露出这种情感，父母偏爱一个孩子，而冷落另一个孩子，哪怕再细微的举动，也会立即引发孩子的愤怒。在嫉妒和猜忌（嫉妒的另一种存在形式）方面，成人和孩子并无不同，只不过成人比孩子更隐蔽、更会掩饰罢了。例如，当你在地铁上，正巧有个漂亮优雅，衣着光鲜的女士在车厢里走过时，你会发现，有部分人会投之以怨毒的目光，可能还会嘀咕诋毁她的言论。罗素说，喜欢八卦和丑闻就是这种普遍的恶意的体现。

人生的命运是在正确价值观念的指导下，通过自己的行为习惯一步一步变得更好。生活中，那些命运悲惨的人正是由于自己错误的价值观念而导致的。如果没有正面的思维模式和正确的价值观念，往往会使人误入歧途，造成万劫不复的悲剧人生。

5. 相伴无亲

在短暂的人生旅途中，那些孤独无伴的人，大多感觉是不幸的，那些羸弱无助的人，大多感觉是悲凉的。在人生的历程中，无论是年少，还是暮年，人人都需要别人的温暖，也需要他人的服务，更需要他人的陪伴，特别是亲人的陪伴，可以说这是无可替代的幸福要素。智慧的先人们通过观察人生的结局，概括性总结出了人生的三大悲剧，以警醒后人：少年丧父、中年丧偶、老年丧子。因为这是鳏寡孤独人生悲剧的直接原因。在人的一生中，人人都会有艰难时期，而在这期间若失去了亲人的陪伴，那么便会产生雪上加霜的感受。如少年时期失去了陪伴和保护我们成长的父母，中年时期失去了相濡以沫的伴侣，老年时期失去了临终前的依靠等，人生的无奈与悲凉由此可见，所以人才是决定人生幸福与否的主角。

为了避免这种人生悲剧的发生，我们需要探究一下产生的原因，可以说除了天灾（如自然灾害等）外，这里还不乏个体成员的主观因素，特别是在各级成员所追求的个体目标与群体目标偏离时，就会造成这种结果。其实，群体目标的实现才是个体生存与幸福的基础，动摇了这个基础，就必然会造成人生的悲剧。所以，在家庭中要有明确的家庭目标，同时个体的目标一定要服从家庭的目标，这样才能确保家庭的稳定和各成员的幸福！简单来说，家庭的核心目标就是稳定、生存和发展，换而言之，就是实现家庭和睦、经济宽裕和后继有人等几个方面。只有这样，儿童才能健康成长，老人才能安享晚年，什么也代替不了父母的陪伴和亲人的照顾。所以，我们有充分的理由相信，中华优秀传统文化是最能让人幸福地走过人生时光的文化，也必然是世界上最优秀的文化。

现实生活中，在人生悲剧还没有发生之前，特别是在人生最风光的时候，人们常常会为了某些虚无的目标而忙碌，却在浑然不觉中耗去了自己珍贵的生命时光。如有的人以"人生得意须尽欢"的方式消磨了时光，浑然不觉在得意的背后可能隐藏的人生悲剧，直到有一天，突然发现当自己老了，鳏寡孤独已成为自己的写照时，人生晚矣！人生的幸福不仅在得志的时候有多么风光，更在于在自己落魄的时候，特别是无能为力的时候，有人伸出了温暖的手，所以我们不能蒙蔽双眼，只有放眼未来才能拥有未来。在人生旅途中一定不要为了无意义的目标而丧失了陪伴亲人的机会，不要因外面的风景而忘记了回家的路。一定要牢记家才是人生幸福的港湾，只有将这个港湾建设得美好而牢固，才能抵御人生的各种风浪，才能使自己在无能为力时不会因无人照料而悔恨，也不会因碌碌无为而悔恨，更不会因丧失良知而歉疚，这就是善终。孟子曰："君子有三乐，而王天下者不与存焉。父母俱存，兄弟无故，一乐也；仰不愧于天，俯不怍于人，二乐也；得天下英才而教育之，三乐也。"所以，一家人过得其乐融融和红红火火也是人生真正的幸福。

小时候，听父母讲过这样一个真实的故事，邻村总有一个乞丐来我们村行乞，这个乞丐非常有礼貌，也很怪异。父母告诉我，听说这个孩子是一个聪明伶俐的孩子，在学校成绩非常好，逢年过节拜访长辈的时候，周围的人对他也是赞不绝口。他的父母也感到十分骄傲，非常溺爱这个孩子，什么都不让他干，就因为孩子学习好。（我听到这里，很是羡慕，因为我总是被父母安排去干各种家务。）当这个孩子备战中考时，身体本来就弱，又得病了，住进了医院，父母更担心了。父母只有一个孩子，对他倾注了所有的爱与关心，"捧在手上怕摔了，含在口里怕化了"。因为太担心孩子的身体了，他们让孩子辍学了，认为将来他们可以照顾孩子的生活。这个孩子辍学在家，每天只是随便玩玩，什么都不干。就这样一直到他30多岁，仍然与父母住在一起，没有正式的工作，也没有什么一技之长，平时仰赖父母照顾。但天有不测风云，他的父母在一次外出时因车祸身亡了。失去了一直抚养自己的父母，他不知道应该如何是好，很简单的事对他来说都是一种困难，一直到现在，已经40多岁了，沦为了一个乞丐。

父母之爱子，应有长远之计，让孩子养成热爱劳动、诚实劳动的习惯才是对孩子真正的爱。正如孟子的《生于忧患，死于安乐》中所说："故天将降大任于是人也，必先苦其心志，劳其筋骨，饿其体肤，空乏其身，行拂乱其所为，所以动心忍性，曾益其所不能。"

二、遗憾人生：脱离劳动酿成贫苦人生

"人最宝贵的东西是生命，生命对于我们只有一次。一个人的生命应当这样度过：当他回忆往事的时候，不因虚度年华而悔恨，也不因碌碌无为而羞愧。这样，在临死的时候，他能够说我的整个生命和全部精力，都已献给世界上最壮丽的事业——为人类的解放而斗争。"从这段话，我们可以看到如果我们虚度年华、碌碌无为，将酿成遗憾人生。

俗话说，幸福需要一双勤劳的手。可遗憾的是，有些人虽然希望自己过上幸福的生活，但从来不脚踏实地去为之努力，而是把幸福建立在一些不切实际的想象中。最终，他们不是在等待中虚度人生，就是在贫苦中终老，而他们想要过的那种幸福生活，一直都只是海市蜃楼。

有这样一个笑话，讽刺的就是那些想不劳而获的人。有一个年轻人不断地到寺庙去祈祷，而且他的祷告都是一样的。第一次他到寺庙里，跪在关公面前，虔诚地低语："关老爷呀，看在我多年给您烧香供奉您的份上，让我中一个100万的彩票吧！"几天后，他又万般沮丧地来到寺庙，同样虔诚地跪着祈祷，重复着他的祷告

语。周而复始,他坚持祈祷了二十年。在第二十年的最后一天,他气急败坏地说:"我的财神爷呀,我如此虔诚,你为何不能听到我的祷告呢,就让我中一次吧,哪怕是一次,让我解决我的困苦后,我将终身敬俸您。"就在这时,突然一声惊雷,关公说话了,"你一直在祷告,祷告再多,也没用,想中 100 万,你至少也该买一张彩票吧!"

这个笑话告诉我们,"白吃午餐的习惯不会使一个人步向坦途,只能使他失去赢的机会。而勤奋工作才是可靠的出路,工作是我们享受成功所付出的代价,财富与幸福要靠努力工作才能得到。"天下没有免费的午餐!

(一) 遗憾人生

人的劳动"使自身的自然中蕴藏着的潜力发挥出来,并且使这种潜力的活动受他自己控制。"劳动解放了人自身的自然潜力,使个体之力直接指向外部的对象化世界。实现幸福人生需要一种正确的劳动以及劳动观,而其基础就在于劳动可以实现对人的身体、智力及精神的"陶冶"。热爱劳动、辛勤劳动、诚实劳动最终指向的是个体的成长,它能滋养、鼓舞、激励个体投身于生产实践,以此锻炼自己的身体机能,提升自我生存的技能,拓展自我存在的空间,实现人生的自由。如果厌恶劳动,他们感受到的往往仅是劳动过程中的痛苦及工作过程中的压力,而不是将成为"大国工匠"或"对社会有用的人"的内心鼓舞和自豪,他们更容易产生投机取巧、坐享其成、不劳而获及一夜暴富的心理,最终是"少壮不努力,老大徒伤悲"的遗憾人生。"莫等闲,白了少年头,空悲切!"

(二) 遗憾人生的主要表现

1. 以享乐为中心

以享乐为中心的人生将是无聊的人生。人类对享乐的追求是促使人类盲目前行的原因,这种放肆的欲望会剥夺人类的幸福。有些人深受享乐的驱使,想把香车豪宅、游艇珠宝这些物质据为己有,但现实是囊中羞涩,什么也没有,导致"理想很丰满,但现实很骨感"的痛苦。欲望太大,能力太小,落差太大,又没有自我调整、知足常乐的智慧,很容易导致心理扭曲。没有形成正确的人生观的大学生,如果有脱离劳动的习惯,很容易以享乐为生活中心。网络有时也向人们展示安逸和富足的生活,这进一步激发人们的向往,然而网络上的幸福生活并不是表面上看起来那么美好。

适度娱乐可使我们身心愉悦，有利于家庭及人际关系的改善，但是长时间不工作、打电子游戏、刷短视频等，就等于浪费生命，无益于身心健康，只会制造更多的无聊和空虚。马尔科姆·马格里奇（Malcolm Muggeridge）在《20世纪见证》（A Twentieth-Century Testimony）中写道："回忆往昔，对我触动最大的是，当时看上去至关重要、妙趣横生的事，现在看起来，甚至有些荒谬！"尼尔·波茨曼在《娱乐至死》中说，毁掉我们的，不是我们憎恨的东西，恰恰是我们热爱的东西！网络时代，各类资讯都日渐以娱乐的方式出现，而人类无声无息地成为娱乐的附庸，毫无怨言，甚至心甘情愿。

享乐主义使人们尽情地追求物质上的享受，会忽视人的其他需要的满足，从而导致出现意志消沉、缺乏进取精神等问题。正如丹尼尔·贝尔所说的："享乐主义的生活缺乏意志和刚毅精神。更重要的是，大家争相奢侈，失掉了与他人同甘共苦和自我牺牲的能力。"人的需求或欲望有不同层次，物质需求是人的最低层次的需求。除此之外，人还有情感的需求、社会尊重的需求，以及自我实现的需求。所有这些需求都需要得到一定程度的满足，心理才能平衡和谐，否则就会发生心理问题，甚至会患上心理疾病。把物质欲望的满足当成幸福本身，必然会导致恶性循环，欲望得不到满足会感到痛苦、郁闷、愤懑，得到满足又会感到无聊，于是又会追求更多、更强烈欲望的满足，如此恶性循环往复，直至心灵不能承受欲望之重，感到极度无聊。

2. 以金钱为中心

金钱能让一个人变得顺利，也能把一个人摧毁。荀子说，水能载舟亦能覆舟。放在金钱上面，也是同样的道理。以金钱为中心的拜金主义，必将摧毁你的人生。曹德旺曾经说过这样一句意味深长的话："其实大部分人都不适合发财，因为钱的反噬力非常大，若没有很高的德行、智慧，很难扛得住，一般人，当钱的数量到达一定量的时候，就会无视规则、礼仪、尊重，无视底线、人格、道德，他们把这些全部都卖给了钱。"诺贝尔文学奖获得者罗曼·罗兰也说过："爱钱的人很难使自己不成为金钱的奴隶。"也有人说"钱是万恶之源"。很多人在有了钱之后，也会产生这样或那样的烦恼，经常有亲朋好友借钱不还，造成亲朋好友关系紧张；或者时时刻刻为保存和争取更多的钱而患得患失，再难以找回海阔天空、心如止水的心态了。金钱对于我们来说，确实可以让家人过上富足无忧的生活，这也是许多人为之奋斗、趋之若鹜的重要原因，但是为了赚钱而赚钱的人是可悲的，也是可怜的。

要让金钱为我们所用，不能被金钱牵着自己的鼻子走，不能成为金钱的奴隶。如果你有了金钱，就要知道惠及你的家人、朋友，给他们快乐、幸福的生活，更要惠及社会，拯救那些孤苦无助的弱者，这样，金钱就成了幸福之源，否则就成了万恶之源。

其实，金钱也曾差点摧毁洛克菲勒的人生。在创业初期，洛克菲勒是个人见人夸的好青年。随着他金库的黄金越来越多，他开始变得冷酷、贪婪。同时开始伤害宾夕法尼亚州田地带公民的切身利益，农田被毁，生活不得安宁。有的受害者做出他的木像，亲手将"他"处以绞刑。无数充满憎恶和诅咒的威胁信涌进他的办公室。连他的兄弟也十分讨厌他，特意将儿子的遗骨从洛克菲勒家族的墓园迁到其他地方，并说："在洛克菲勒支配下的土地内，我的儿子也无法安眠。"在洛克菲勒53岁时，病魔缠身，医生向他宣告了一个可怕的事实：他必须在金钱、生命、烦恼三者中选择其一。这时，他才领悟到是贪婪的魔鬼控制了他的身心。他听从了医生的劝告，退休回家，上剧院看喜剧，学打高尔夫球，还常常和邻居闲聊。经过一段时间，他开始考虑如何将庞大的财产捐给别人。

起初，这并不是一件容易的事，他捐给教会，教会不接受，说那是腐朽的钱。但他不顾这些，继续热衷于这一事业。听说密歇根湖畔一家学校因资不抵债而被迫关闭，他立即捐出数百万美元促成如今国际知名的芝加哥大学的诞生。洛克菲勒还从事了不少福利事业。从那以后，人们渐渐接受他，开始用另一种眼光看他。他造福社会的行为，不但受到人们的赞扬，还给他带来用钱买不到的平静、快乐、健康及高寿，他在53岁时已濒临死亡，结果却以98岁高龄辞世。

洛克菲勒曾被金钱带入另一个轨道，幸运的是他及时让自己恢复了理智，得到了重生的机会。崇尚金钱，崇拜"暴富"都会使我们迷失心智，付出万劫不复的惨重代价。

3. 以投机为中心

投机的人生往往是颠沛流离的人生。君子爱财取之有道，投机的人生注定是一场悲剧。马克思在《资本论》中写道："如果有10%的利润，资本就会保证到处被使用；有20%的利润，资本就能活跃起来；有50%的利润，资本就会铤而走险；为了100%的利润，资本就敢践踏一切人间法律；有300%以上的利润，资本就敢犯任何罪行，甚至去冒绞首的危险。"投机是商业的伴生品，就像懒惰是人生的伴生品一样，是不可能自行消失，需要人自身的修养来克服。在共同富裕的新时代，"幸福是奋斗出来的"，投机绝对行不通，等待投机的将是血本无归、锒铛入狱。

如果学生有了投机观念，在学习方面会出现抄袭作业、迟到早退，在毕业求职时好高骛远、不切实际。考试作弊就是一种投机行为，平时不愿下功夫学习，到考试时，想通过作弊行为提升自己的成绩，以身试法，留下终生遗憾！相关部门将以最高标准、最严举措严格做好各项工作，确保实现"平安高考""阳光高考""公平高考"，挑战高考的公正性行为定会被绳之以法！《中华人民共和国刑法》第二百八十四条之一【组织考试作弊罪】在法律规定的国家考试中，组织作弊的，处三年以下有期徒刑或者拘役，并处或者单处罚金；情节严重的，处三年以上七年以下有期徒刑，并处罚金。为他人实施前款犯罪提供作弊器材或者其他帮助的，依照前款的规定处罚。【非法出售、提供试题、答案罪】为实施考试作弊行为，向他人非法出售或者提供第一款规定的考试的试题、答案的，依照第一款的规定处罚。【代替考试罪】代替他人或者让他人代替自己参加第一款规定的考试的，处拘役或者管制，并处或者单处罚金。大学生在考试中作弊，视情节严重，学校会给予留校察看、开除学籍处分。留校察看、开除学籍处分会被记入个人档案；轻者无法取得毕业证、学位证，重者将会影响公务员考试、事业单位考试等公职类考试政审，影响一生。

4. 以不劳而获为中心

天上不会掉"馅饼"，很可能是"陷阱"。世界上唯一可以不劳而获的就是贫穷。勤劳是中华民族的传统美德，它是对人的"好逸恶劳"的自然性克服，俗话说"一分耕耘一分收获"，只有付出了劳动，才会收获结果。在封建社会，很多劳动者并不能获得与劳动付出相称的报酬，所谓"遍身罗绮者，不是养蚕人。"一些思想家认为，这是封建制度下，社会分配不均造成的后果。受这种不良现象的影响，也使得一部分家长只关心孩子的学业成绩，而忽视人生观的教育。一部分家长甚至认为只要学习好，什么都不用干，自己大包大揽，自己再辛苦受累，也不愿让孩子分担任何家务，使得很多学生不懂得共情，自私冷漠，不尊重别人的劳动，无法体会"粒粒皆辛苦"所体现的艰辛。缺乏劳动体验，无法感受别人所付出的艰辛。对"网红一夜暴富""一夜成名天下知"理解偏颇，看不到背后的"十年寒窗苦"，这种急功近利，只想成功而不愿付出的思想，其实是辛勤劳动、诚实劳动观念的淡化。这种"不劳而获"的错误劳动观如果不能及时调整，不仅会带来个体的损失，还会导致贫困。在脱贫攻坚的进程中，已经发现返贫现象最多的原因就是懒惰，好吃懒做，好逸恶劳。

不劳而获的思想会影响正在辛勤劳动的其他人，还会造成社会秩序的混乱，容易使勤恳工作的个体受其影响，逐渐丧失斗志。这种不良思想会像瘟疫一样，使更多的人逐渐走向贫困。大学生正处于人生观、价值观形成的时期，很容易受周围环境影响。如

果在一个大学生的周围大多都是"混日子""搭顺风车"的人，有一些人还实现了"少劳多得"，很容易使本来辛勤努力的大学生的热情骤然降低。在马克思看来，劳动异化为个体带来了消极体验。劳动异化使劳动"不是满足劳动需要意外的需要的一种手段"，而"是一种自我牺牲、自我折磨的劳动"，所以人们希望逃避劳动。在异化的情景中，人（工人）只有在运用自己的动物机能——吃、喝等行为，甚至居住、修饰等，这样一来，人就不可能幸福。

我们要树立正确的马克思主义劳动价值观。在马克思看来，生产劳动应同智育和体育相结合，它不仅是提高社会生产的一种方法，而且是造就全面发展的人的唯一方法。著名教育家陶行知也曾说："劳动教育的目的，在谋手脑相长，以增进自立能力，获得事物之真知及了解劳动者之甘苦。"只有在劳动中，才能塑造健全人格、磨炼顽强意志、锤炼高尚品格。如果"以不劳而获"为荣，就会产生一些偏执的性格，意志薄弱，见问题就逃，没有责任，没有担当，产生投机心理，小则酿成遗憾人生，大则造成悲剧人生。

有一个故事或许能够说明其中原因，当猪开始不接受免费午餐的时候，都会变得强悍和聪明。有一家农户，圈养了几头猪。一天，主人忘记关圈门，便给了几头猪逃跑的机会。经过几代繁衍以后，这些猪变得越来越凶悍，以至于开始威胁经过那里的行人。几位经验丰富的猎人闻听此事，很想捕获它们为民除害。但是，这些猪很狡猾，从不上当。当猪开始独立的时候，都会变得强悍和聪明了。

有一天，一个老人赶着一头拉着两轮车的驴，车上装着许多木材和粮食，走进了"野猪"出没的村庄。当地居民很好奇，就走向前问那个老人："你从哪里来，

要干什么去呀？"老人告诉他们："我来帮助你们抓野猪呵！"众乡民一听就嘲笑他："别逗了，连好猎人都做不到的事你怎么可能做到。"但是，两个月以后，老人回来告诉那个村子的村民，野猪已被他关在山顶上的围栏里了。

村民们再次惊讶，追问那个老人："是吗？真不可思议，你是怎么做到的呢？"老人说："我每天做的就是给他们投食，他们一开始比较警觉，后来发现没有危险，就开始大吃起来，当时野猪并不知道它们已经是我的了。此后我要做的只是每天在粮食周围多竖起几块木板，直到我的陷阱完成为止。"

"然后，我挖了一个坑立起了第一根角桩。每次我加进一些东西，它们就会远离一些时间，但最后都会再来吃免费的午餐。围栏造好了，陷阱的门也准备好了，而不劳而获的习惯使它们毫无顾虑地走进围栏。这时我就出其不意地收起陷阱，那些白吃午餐的猪就被我轻而易举地抓到了。"

这个故事中的道理很容易理解，当野猪要靠人类供给食物时，它就会失去生存的机智和强悍身体，接着它就被驯化了。其实人类也一样，如果在一定时间内你给一个人免费的午餐，他就会养成不劳而获的习惯。别忘了，每个人天生都有被"照顾"的需求。这样做会让这个人失去生存的机智，一旦出现意外，他就会因为无法应对而陷入人生的低谷。

专题七：悲剧人生

专题七：敬畏人生

专题七：意外之财

专题八　不幸人生的警示

科学劳动价值观，是把劳动看成获得个人所需，实现个人价值的必要途径；是推动社会进步根本动力的价值观；是具有高度社会责任感，坚信"劳动最光荣，劳动者最伟大"的价值观。当前部分大学生的劳动价值观存在一些不良倾向。

一项针对1146名青少年（大学生501名）的调查显示，在是否赞成"劳动就是为了赚钱"一问中，大学生回答"一般"与"比较赞成"的比率居前两位，分别占32.6%和24.2%，在对受教育阶段与对"劳动赚钱论"否定倾向统计检验中得出，相对而言大学生更加赞同"劳动赚钱论"，对劳动就是为了赚钱说法持认可态度。

市场经济等价交换原则对大学校园辐射，西方个人主义、实用主义等价值理念对高校渗透，社会不良风气影响，以及大学生自我意识膨胀，上述因素使大学生劳动价值取向越来越功利化，究其原因，主要有以下几个方面。

一是在劳动价值终极目标上，重眼前利益轻长远利益、重个人利益轻集体利益、重物质享受轻精神追求、重现实满足轻理想追求；二是在劳动价值衡量标准上，以个人财富多少、权势大小、社会地位高低来判断一个人是否成功及成就大小，以奢侈、享乐作为人生价值体现；三是在劳动价值实现手段上，由注重艰苦奋斗、勤劳致富慢慢倾向于投机取巧，企图不劳而获，一夜暴富。

一夜暴富往往能毁掉人的一生，许多人都梦想买彩票中大奖成为富翁，然而，结局往往是悲惨的。曾经一则报道称，有一个人为了快速赚钱发家，开始用自己家里多年的存款去购买彩票，结果越陷越深，甚至倾家荡产。到头来呢，竹篮打水一场空，想不劳而获，却落下可悲的下场。

（1）本案例引发了你怎样的思考？

（2）你认为不幸的人生与劳动有什么关系？

（3）怎样才能避免不幸人生？

表 8-1 为"调研不幸人生的典型案例"的实践任务。

表 8-1 调研不幸人生的典型案例

项目	内容	备注
调研主题	身边的不幸人生的调研	
调研目标	1. 采集数据。通过走访、电子材料查阅、访谈等方式采集身边的不幸人生的数据。 2. 宣传"爱岗敬业、争创一流、艰苦奋斗、勇于创新、淡泊名利、甘于奉献"的劳动模范的精神。 3. 搜集不幸人生典型案例	
适用对象	全院学生	
组织者	劳动课教师、劳动小组组长	
调研时长	两周	
调研准备	1. 利用线上、线下（如海报等）方式进行宣传，广泛动员在校学生，充分调动学生参与活动的主动性与积极性。 2. 学生以地域为单位自由组队并选出组长，小组人数以 6~12 人为宜。 3. 统计参与人数，选出工作人员，划分每个小组负责的区域	
调研过程	1. 利用周末或者节假日进行实地踏勘、访谈，要有调研照片、调研视频等支撑材料。 2. 至少召开一次调研交流会，梳理调研情况，形成调研情况清单。 3. 根据调研结果梳理不幸人生的典型案例，并进行 PPT 展示	
调研要求	1. 要以问题为导向，明确调研目的和实效。 2. 访谈内容记录要详实，最好用录音笔录音。 3. 电子资料等二手资料要确保真实、信息有公信力，要注明出处	

表 8-2 为"调研不幸人生的典型案例"的实践任务评价。

表 8-2 调研不幸人生的典型案例的实践任务评价

评价标准	评价等级
小组有切实可行的活动计划，记录活动过程详实完整，典型案例总结详实，有典型代表性	A
小组有切实可行的活动计划，记录活动过程相对详实完整，典型案例总结相对详实，有代表性	B
小组有活动计划，记录活动过程不完整，典型案例总结不详实，较有代表性	C
小组无活动计划，记录活动过程不详细，典型案例总结不详实，无代表性	D

一、脱离劳动酿成不幸人生

不幸的人生在很大程度上可归咎于错误的世界观、错误的人生观、错误的价值观、错误的劳动观，以及错误的生活习惯等，它们毁掉了人们原本可能具有的潜能，而一切幸福均基于这种潜能。如果一个人现在懒惰、拖延、堕落，那么他以后就要成倍地付出，要负担的也会更多。因此，别再抱怨现在的生活并不是你自己想要的，而应仔细思考，追根溯源，你会发现确实是因为自己前面种的"因"，如今生成的"果"，正像网络上经常说的那句话，"人生的许多不如意，并不是你运气不好，不是你不够漂亮，不够帅，不是你没有机会，多是因为你自己。"细细品来，很有道理。

脱离劳动、贪图享受是滋养腐败的沃土。贪图享乐的人，在精神状态上意志消沉、萎靡懈怠、不思进取；在价值取向上把个人的情感快乐和实际利益放在高于一切的位置；在工作态度上安于现状、得过且过、拈轻怕重，不愿吃苦出力，丧失积极进取的动力；在公务活动中讲排场、比阔气、铺张浪费、不重实效；在生活方式上追求物质享受的"贵族化"，情趣低俗，热衷吃喝玩乐、游山玩水、纵情享乐等。"好逸恶劳千金也能吃空，勤劳勇敢双手抵过千金。"这一句古老的谚语告诉我们，辛勤劳作的双手能抵过千金，而贪图享乐、厌恶劳动，即使拥有千金也会坐吃山空。事实上，贪图享乐不仅会对个人和家庭造成巨大的伤害，还会荼毒社会风气，破坏社会的稳定繁荣。

艾里希·弗洛姆对厌恶劳动、逃避劳动的现象给出了警示：如果一个人终日思考的是如何逃离劳动生产，如何去占有和消费越来越多的物质以及如何去享乐。那么，当他消费越多，便越会被"物欲"所捆绑，最终丧失对自身以及同类生命的尊重，成为贪欲的囚徒而无暇顾及其他。这种"消费式生活方式"与马克思所展望的社会主义社会精神背道而驰。这种逃避劳动，把享乐与消费当作生活的目标，认为轻松才是有价值的想法，是极为危险且不可取的，因为有价值的生活，绝不轻松。享乐确实能够给人带来片刻的幸福和欢愉，但是想要得到真正的自由与幸福，需要担负艰巨的使命，激发自身潜能。弗洛姆指出，社会主义工业体系要达到的目标不是最高的经济生产力，而是最高的"人的生产力"，社会主义生产模式的服务目的在于最大限度地培养"全能人"，而非"消费人"。

人如果染上逃避劳动、贪图享乐的习惯，一旦养成，它就会一直左右你的生活。如果一个人养成了好吃懒做的习惯，他的人生旅途将很难一帆风顺，将失去赢得人生的机会，轻则学业不成，工作失败，重则思想迷茫，自甘堕落，或走向负债的深渊，只有勤奋工作才是唯一的出路，工作是我们享受成功所付出的代价。因此，大学生应始终秉持"幸福是奋斗出来的"正确思想，摒弃"贪图享受""金钱至上""投机主义""不劳而获"等错误观念。

历史上有这样一个故事：不努力，皇帝也帮不上忙。宋仁宗闲来无事时会在皇宫内四处溜达。一次，他偶然看到自己的两名侍卫发生争吵，便藏起来偷听他们说话，原来他们为自己的命运由谁掌握而争论不休。侍卫甲认为，自己的命运自己把握。侍卫乙却说，他们的命运由皇帝决定。宋仁宗对此饶有兴致，于是打算通过一场考验来决定两位侍卫的前途：谁先将他指定的小金盒送到皇宫内务主管那里，他就将此人提拔为侍卫队队长。于是，宋仁宗先叫来侍卫乙去送小金盒，等到侍卫乙走到半路时，他又让侍卫甲去送小金盒。不久，皇宫内务主管回复消息说，他按照皇帝的旨意，已经推荐侍卫甲为侍卫队队长。

为什么侍卫乙先于侍卫甲去送小金盒，侍卫甲却先一步送达？原来，等侍卫甲和侍卫乙离开之后，宋仁宗特意安排了另外两名侍卫，分别在半路上与他们打招呼，侍卫乙遇到可以聊天的人很开心，就暂时忘记了自己的任务，耽搁了很长时间；侍卫甲却不同，他一心惦记着完成任务，只是匆匆打了声招呼就继续往前走，直到小金盒送到主管那里。至此，两名侍卫的命运发生了悄然改变。对此宋仁宗由衷感叹："人如果自己不努力，就连皇帝也帮不上他呀！"

人如果主观不努力，再好的机会也会失去，人生就这样在一次一次的遗憾中度过。

二、错误劳动观念造成不幸人生

关于错误的劳动观念所导致的五大悲剧人生，前文已进行详细论述，这五大悲剧人生也是不幸的人生。然而在现实中，还是有很多人能够很好地处理所面对的意外之财、少年得志、出身豪门、误入歧途、相伴无亲，究其原因就是因为他们能经

得住诱惑，能正确面对，有正确的人生观，有正确的劳动观，从而避免走上不幸的人生之路。因此，只有不断调整自己的劳动观念，拥有崇尚劳动、热爱劳动、辛勤劳动、诚实劳动的劳动精神，我们才不会被意外之财迷惑心智，也不会因为少年得志而陷入享乐主义，更不会因为出身豪门而奢侈浪费。如果一个人拥有了爱岗敬业、争创一流、艰苦奋斗、勇于创新、淡泊名利、甘于奉献的劳模精神，"行行出状元"，那么他也不会再拈轻怕重、挑肥拣瘦，而是对工作充满了热情和奉献精神，如果他拥有执着专注、精益求精、一丝不苟、追求卓越的工匠精神，那么在工作中，将会不断地修炼自己的性格，修炼自己的修为，每天都会更上一层楼，一步一步走向幸福的人生！只要按照幸福的方法来走，最终就会迎来幸福的人生。正如撒切尔夫人说过的一段名言：注意你的想法，因为它能决定你的言辞和行动；注意你的言辞和行动，因为它能主导你的行为；注意你的行为，因为它能变成你的习惯；注意你的习惯，因为它能塑造你的性格；注意你的性格，因为它能决定你的命运。

专题八：匡衡腐败

专题八：塞翁失马

专题八：遗憾人生